# S'IL TE PLAIT NE ME TAUES MAMAN

Miguel Angel Kircos

# Indice


Avant - propos ...................................................3

Commentaires sur le livre.............................5

Missive de la part d'un Enfant Avorté a sa mere .8

Introduction .....................................12

CHAPITRE 1...................................14

CHAPITRE 2...................................19

CHAPITRE 3...................................28

CHAPITRE 4...................................32

CHAPITRE 5...................................34

CHAPITRE 6...................................45

CHAPITRE 7...................................59

CHAPITRE 8...................................69

APPENDICE ...................................86

# AVANT - PROPOS

Chaque fois qu'un avortement est perpétré, quelque soit la méthode utilisée, la vie d'un être humain est coupée court alors qu'il aurait pu être un futur Président d'une nation quelconque ou un (une ) sportif exceptionnel (le) ou un scientifique remarquable ou un évangélisateur ou une mère ou un père responsable ou un enfant modèle en plein milieu d'une ère où toute une génération confuse est perdue à cause de la drogue, de l'alcool et du sexe perverti.

Il y a eu plus de morts causées par l'avortement que dans les trente dernières années, plus que toutes les guerres passées. Cependant le problème des gouvernements est de traquer, punir les grandes corporations qui fraudent ou les auteurs des actes terroristes ou les têtes dirigeantes de la mafia. Ils ne réalisent point que l'avortement fait ses choux gras avec les cliniques, les laboratoires ainsi que de toutes les entités médicales.

Les autorités les ignorent tout en continuant à légiférer en faveur de l'avortement en prônant « le droit de choisir ».

En tant que pasteur d'une Église Chrétienne, ainsi qu'un mari, un père et un grand-père je suis perplexe quand je vois comment cette liberté, qui nous a été donnée d'emblée par Dieu, liberté dont nous jouissons, a été tellement loin qu'elle affecte chaque nouvelle génération.

Ma prière ainsi que mon espoir sont que ce livre influencera dans un sens positif ceux qui le liront, qu'il éclaircira certaines notions erronées, qu'il fera comprendre que l'avortement est un crime et qu'il arrivera à annihiler tout désir ou intention de perpétrer un avortement dans un plus ou moins futur proche.

PABLO LAGO
Pasteur - La Roca Firme (Le Roc Solide)
Christian Fellowship
Hialeah, Floride

# COMMENTAIRES SUR LE LIVRE

Vous ne pourrez pas rester indifférent aux problèmes que pose l'avortement après avoir lu ce livre.

L'Évangéliste Miguel Angel Kircos, que je respecte et que je connais depuis un certain temps pour ne pas dire un temps certain, s'attaque aux interpellations posées par l'avortement avec une profondeur et un savoir faire rares. De ses pages il a réussi à mettre en exergue la précieuse valeur de la vie. Finalement même ceux qui ont échoué et souffert à cause de l'avortement, pourront recevoir la consolation et la miséricorde de Dieu en lisant ce livre.

J'applaudis sa publication et je la recommande sincèrement.

CLAUDIO J. FREIDZON

Pasteur
Église du « Roi des Rois »
Buenos Aires, Argentine

La vie est un don sacré de Dieu et dans sa Souveraineté, Dieu est responsable de quand commence et finit une vie humaine.

Attaquer une vie est contraire au but du Créateur. Malheureusement, dans ces temps post-modernes, les valeurs absolues ne sont plus vénérées et certaines indéniables vérités éternelles ne sont plus considérées importantes.

Indubitablement, l'homme a été créé à l'image de Dieu. Chaque être humain est unique et irremplaçable. C'est pour cela que l'avortement n'est pas seulement un crime mais pire encore c'est un pêché avec des conséquences terribles, même si certaines législations «progressistes» le permettent.

Je fais l'éloge de cette publication dont Miguel Angel Kircos est l'auteur et je suis sûr et certain que sa lecture sera bénéfique à ceux qui le liront.

RICARDO BERDROSSIAN

Pasteur<br>
Église «Le Christ est Changement»

Dans un style pur, avec des exemples de la vraie vie, certains donnant la chair de poule, l'évangéliste Miguel Angel Kircos, nous emmène en voyage à travers tous les chemins qui mènent à l'avortement. Il fait ressortir, pas de manière approximative, la vie de l'enfant au sein de sa mère. Qui plus est, les concepts qu'ils emploie sont aussi simples que la preuve en est que Dieu a des plans pour chaque être humain qu'IL crée.

Ce livre aidera à comprendre pourquoi une solution, qui parait simple au premier abord, est en fait en contradiction directe avec la volonté de Dieu. En même temps, l'auteur offre une solution à ceux qui, par ignorance ou par erreur, ont eu un avortement ou ont accompagné quelqu'une dans cette démarche destructrice.

Miguel Angel Kircos est vraiment une de ces personnes inspirées par Dieu pour se mesurer à ce problème ardu ou à d'autres. Son témoignage ainsi que son dévouement à Dieu appuient ses écrits. Ce livre sera édifiant pour ceux qui s'intéressent au sujet, tout en livrant aux autres un avertissement clair quant aux conséquences de ce geste.

Je crois que la lecture de ce livre est un « must » pour ceux qui ont déjà pratiqué un avortement ou qui croient que l'avortement n'est pas un crime. Pour ceux qui, après avoir appris la vérité sur leur erreur, se sentent découragés, ce livre leur donnera une manière de s'en sortir grâce à l'espoir d'une consolation et de la miséricorde de Dieu.

PABLO TIGANI

# MISSIVE DE LA PART D'UN ENFANT AVORTÉ A SA MERE

Chère Maman :

Est-ce que tu te souviens de moi ? Je suis ton bébé. Tu n'as pas réussi à te débarrasser de moi définitivement. Dieu m'a donné une âme éternelle à la minute même où je fus conçu. Je n'ai jamais vu la lumière du jour mais je vis pour toujours.

Je sais pourquoi tu m'as tué. Tu avais honte de moi. Tu ne voulais pas être une mère non mariée. J'étais le fruit d'une aventure. Tu étais trop jeune pour m'avoir. Tes parents ne t'auraient jamais pardonné. Qu'auraient dit tes amis ? Et ainsi de suite.

Je n'oublierai jamais le temps pendant lequel tu m'as porté en toi, je me sentais si bas. Je comprends que tu ne me voulais pas ; après tout, que penseraient ceux qui étaient autour de toi ? Il a fallu que tu élimines la preuve de ta faute et c'était moi.

Je ne peux admettre ton crime mais je te pardonne. Je pardonne à mon père d'être si irresponsable au point de nous abandonner. Je pardonne aussi au médecin qui a mon sang innocent sur les mains ainsi que l'infirmière qui l'a aidé.

Cela a été douloureux quand il m'a piqué avec l'immense aiguille et m'a déchiré en petit morceaux de sang froid ! Je sais que tu ne pourras jamais oublier le bruit de succion qu'a fait mon petit corps déchiqueté.

Je sais que cela a été traumatisant pour toi et que maintenant tu doives endurer le silence du secret tout en essayant de te convaincre que ce n'était rien. C'était quelque chose. C'était quelqu'un. C'était moi, ton enfant.

Je suis conscient Maman, de tes harassantes nuits. Je sais aussi que tu as souffert de ta décision de m'avorter. Je sais que tu continues de rêver de moi ; et même que plus d'une fois tu as regretté en te demandant si j'étais un garçon ou une fille. Tu t'es aussi demandée comment cela aurait été de m'avoir dans ta vie et surtout combien de joies je t'aurais apportées.

Je te ressemble. Comment peux-tu m'oublier ? Je prie constamment Dieu Notre Père pour qu'Il mette de côté les cauchemars qui hantent tellement ton sommeil et qui font que ta vie soit un enfer ! Ainsi tu pourrais faire la paix avec le Créateur de la vie.

Chère Maman, je voudrais que tu sois heureuse et tu sais quoi? Seul le Christ peut te guérir de tes blessures, même celles qui ont eu de l'influence sur toi quand tu m'as avorté.

Pendant que je t'écris, j'ai à côté de moi un ami. Sa mère l'a aussi tué parce qu'elle a dit qu'elle était trop jeune pour être une mère.

Il n'a pas de nom, non plus de la part de ses parents mais Dieu en a un pour lui. Il nous aime infiniment. J'ai beaucoup d'amis qui ont eu le même sort. Pierre a été avorté parce que sa mère a été violée. Toute la haine et les angoisses ont été tournées contre un innocent. Il se demande: « si ma maman était fâchée contre l'homme qui l'a violée pourquoi est-ce qu'elle m'a tué ? Je l'aurais aimée éternellement et je n'aurais jamais eu honte d'elle».

Ici au Royaume de l'amour, nous ne comprenons que le langage de l'amour. C'est pour cela que nous ne comprenons pas toutes ces plaidoiries pour l'avortement, comme par exemple fœtus déformés, viols, parents pauvres ne voulant plus d'autres enfants (croyant qu'une petite famille vit mieux) etc.. etc.

Ils me disent que mêmes les guerres meurtrières, que même Hitler avec ses chambres à gaz, n'ont pu causer pareil cruel brutal massacre. Avec tous ces avortements, le monde s'est privé de brillants pasteurs, poètes, médecins, musiciens, peintres, architectes et saints.

Ne pleure pas Maman. Peut-être que tu te demandes où je suis. Ne t'en fais pas, je suis dans les bras de Jésus. Il m'a assez aimé pour se séparer de son sang pour moi. En Lui nous tous trouverons la vie.

Je vais conclure en te demandant de me faire une faveur. Pas pour moi mais pour tous les autres bébés. Ne les tue pas comme je l'ai été ! Si jamais tu viens à connaître une jeune femme qui veut avorter, ou quelqu'un qui défend l'avortement, ou un médecin qui avec un tel meurtre se moque du serment d'Hippocrate, ou une infirmière qui y participe, tu peux les abreuver de l'amour de Dieu, Notre Père. Alors, souviens toi de nous et dis leur de ne plus tuer. Dis leur que les enfants appartiennent à Dieu. Dis leur que nous avons le droit de vivre comme eux, et que même si personne ne nous aime nous avons le droit de vivre et d'aimer.

10

Amour,

de la part de ton enfant avorté.

# INTRODUCTION

«S'il te plait ne me tues Maman!» est l'exclamation d'un enfant qui n'est pas né de la matrice de sa mère qui l'aurait mis au monde. Le cri est sorti quand le bébé a réalisé que l'instrument qui lui amène la mort, s'approche du petit corps sans défense. Il espère de l'amour et de l'attention mais il ne reçoit que de la haine et de la cruauté!

«S'il te plait ne me tues Maman!» est la phrase tragique de ces bébés alors qu'ils sont encore à l'intérieur de leurs mères, qui malheureusement sont en train de perpétrer la plus sérieuse et la plus horrible des choses sur terre contre l'humanité. C'est un problème qui représente les pires maux du monde et c'est l'avortement!

Je crois fermement que, de tous les temps, l'humanité a eu à faire face au plus sérieux des problèmes. D'un côté, il existe des pays surpeuplés dont les gouvernants veulent contrôler les naissances en promulguant des lois inhumaines. Ils y mettent tous les moyens possibles et imaginables pour renforcer leurs législations et le moyen le plus populaire est l'avortement.

D'un autre côté, il y a ces pays où le modernisme et le style de vie confortable sont les plus importantes valeurs pour certains, à tel point qu'ils sont insensibles aux cris de ces petites créatures sans défense, à qui la vie est arrachée dans le silence le plus complet.

Ils n'ont aucune opportunité de vivre selon ce que Dieu, le Créateur de ce monde, a établi. Pour beaucoup, l'arrivée de ces petits d'homme est dérangeante, ils ne l'ont pas demandée, ce qui pourrait déranger leur liberté licencieuse, en un certain sens.

Je dois avouer que, d'aussi longtemps que je me souvienne, j'ai pu entendre ces mots de parts et d'autres, mais comme beaucoup de mes compères j'y étais indifférent. J'en ai parlé pendant mon évangélisation à l'occasion jusqu'à ce que leurs significations me percent le coeur.

L'indifférence est mondiale, même dans les cercles Chrétiens, à cet assassinat généralisé. Cela est en fait douloureux. D'une façon générale nous pouvons saisir l'ampleur de cette monstruosité, surtout quand elle est proche de notre foyer, un voisin, un membre de la famille ou même votre fille qui commet ce crime.

J'écris aujourd'hui avec un coeur saignant, blessé par la perte de ces millions de vies innocentes. Mon but est d'alerter ceux qui ont à prendre ce genre de décision, à savoir interrompre ou non une grossesse.

Mon espoir est que, l'Esprit Saint puisse toucher ces femmes et qu'elles seront persuadées d'avoir cet enfant et qu'elle puisse l'élever dans l'amour, la joie et la crainte du Seigneur.

# CHAPITRE 1

## UN MESSAGE INATTENDU ET LE RÉSULTAT DE L'OBÉISSANCE

J'ai rarement mentionné le mot avortement dans mon travail d'évangélisation pendant des années. Quand je l'ai fait, cela était seulement une référence passagère, dans la liste de péchés de l'humanité de nos jours. Puis un jour le mot m'a sauté au visage et il a pris une signification particulière, la tragédie humaine m'a tellement interpellé que j'en fus angoissé.

Mon point de non retour a été atteint un jour où je me préparais pour un prêche pour une assemblée à Villa Hayes au Paraguay. Le message était déjà prêt ainsi que tout le reste d'ailleurs. Mais pendant que je priais, juste avant d'aller sur l'estrade, j'ai soudain entendu une voix intérieure qui m'a dit: « ce soir tu dois parler de l'avortement !».

Il m'a été difficile d'accepter une telle requête parce que je pensais que c'était impossible de prêcher quarante minutes sur un tel sujet. Je n'avais jamais fait cela avant et ce n'était pas mon style.

Mais je ne voulais pas être comme Jonas, le Prophète à qui Dieu avait demandé la mission de quarante jours à Ninive, pour aider ses habitants de se repentir et éviter la punition.

Cela a été un grand défi pour Jonas car au départ il a refusé et ensuite il a obéi au Commandement de

Dieu. La ville entière s'est repentie, du Roi jusqu'au moins nanti. Dieu leur a pardonné et n'a pas détruit la Cité.

Dieu a utilisé cet exemple Biblique pour me rappeler à l'ordre et que je puisse saisir ce qu'Il voulait que je fasse.

J'ai senti que Dieu voulait que je parle de l'avortement même si je n'avais rien préparé sur ce sujet. C était un débat intérieur, un moment de doute ainsi que de recherche d'idées mais finalement j'ai réalisé que la seule décision que j'avais à prendre était d'obéir à la voix de Dieu.

**Quand nous obéissons, Dieu nous bénit**

Alors je compris que si Dieu m'avait demandé cela c'est qu'Il allait me donner les mots qu'il fallait pour en parler.

Effectivement, quand il fut temps de parler, en obéissance, j'ai parlé pendant vingt minutes, pratiquement la moitié du sermon, de l'avortement. Je ne me rappelle pas des mots exacts que j'ai utilisés mais je me rappelle l'impression que j'ai faite sur une femme, elle a couru à l'autel et avec une telle conviction les larmes aux yeux, elle s'est agenouillée pour implorer le pardon de Dieu.

Après que tout soit fini, elle s'est approchée de moi, accompagnée de son mari et d'une toute petite fille, me remerciant pour mon sermon. Elle a admis que le lendemain, elle avait rendez-vous à une clinique pour un avortement.

C'était merveilleux d'avoir obéi à Dieu car parmi les vies qui ont été sauvées ce jour, il y avait une créature sans défense qui était destinée à mourir sans voir la lumière du jour, elle s'est vue offrir un nouvel espoir de vivre grâce à la foi de sa mère.

Ce jour là quand je rejoignis mes pénates, mon coeur était remué mais j'étais très heureux car Dieu m'a bénit, grâce à mon obéissance et à celle d'autres personnes, ce qui a renversé la terrible décision qui avait été prise, pour au moins une personne.

Cet évènement a été le début d'un fardeau qui a eu pour résultat le livre que vous avez dans les mains. Mon retour chez moi ce jour n'a pas été comme tous les autres d'avant, car l'Esprit Saint me faisait penser à la petite soeur de Moïse et comment elle s'est sentie quand elle a vu qu'elle avait finalement réussi à sauver son frère nouveau-né. Je me suis même souvenu comment miraculeusement, notre Seigneur a été sauvé lors de l'attentat manqué d'Hérode. Toutes sortes d'exemples me sont revenus à la mémoire à cause de, je dirais grâce à cette femme qui a failli sacrifier son enfant.

Cela m'a fait réaliser que cet acte abominable empoisonnait l'humanité. Je portais le fardeau de ce qui arrivait même au sein de nos Églises ; combien de foyers souffrent de ce fléau, était la question lancinante qui me taraudait.

Simplement, tout ceci est arrivé parce que j'avais obéi à la voix de Dieu et fait ce qu'Il m'avait demandé. On doit obéir car c'est la voix divine encore et toujours!

De la même manière que Dieu m'a parlé juste avant mon sermon, il y a une voix intérieure en chaque femme qui considère l'avortement comme solution finale, cette voix essaie de prévenir un meurtre de chair et de sang. Et cette voix qui intervient dans son dilemme intérieur est la voix de Dieu.

Dieu ne veut voir personne périr alors Il parle toujours aux pécheurs. Cette voix engendre des nuits sans repos jusqu'au jour macabre où l'acte a lieu. La création de la vie est tellement divine et David dans ses Psaumes glorifie Son Créateur en disant « Vos mains m'ont fait et m'ont formé » (Psaume 119 :73), puis « Car Vous m'avez créé au plus profond de moi-même ; vous m'avez unifié dans la matrice de ma mère » (Psaume 139-13).

Tout ce que j'essaie de dire est que, quand deux non-croyants se mettent ensemble et conçoivent une nouvelle vie, même s'ils ne reconnaissent pas le Christ comme Sauveur, le simple fait de concevoir une vie humaine demande l'intervention de Dieu. Comment donc pouvons nous mettre la décision de prendre une vie humaine entre les mains d'un simple être humain, en reprenant ce que Dieu, Lui-même a créé?

Je connais des cas où cette petite voix -que nous appelons la « voix de Dieu »-était si persistante que la femme a abandonné l'idée de se faire avorter. Nous devons obéir à cette voix insistante, elle est divine. Si vous obéissez, vous allez être récompensés, pas seulement en mettant au monde un enfant, mais aussi en ayant la bénédiction de Dieu qui vient avec l'obéissance à Dieu.

Si vous désobéissez à cette voix, le jour suivant le crime sera d'une amertume certaine. Le cauchemar ne faiblira pas. Vous ne serez jamais complètement satisfait.

Je connais des gens, qui après un avortement, ont décidé d'avoir plus d'enfants qu'ils ne devraient dans l'espoir de faire taire leur culpabilité. Pour pouvoir mettre derrière eux le crime commis, mais ils n'arriveront jamais à oublier celui qui était sans défense et qu'ils ont privé de la vie.

Voilà pourquoi il est important d'obéir à la voix de Dieu. La raison principale de ce livre est de réveiller les consciences et qu'elles admettent que l'avortement est un acte tragique et diabolique.

# CHAPITRE 2

## QU'EST- CE QUE L' AVORTEMENT ?

Pour comprendre ce que l'avortement représente, nous devons être conscients de sa signification et de son but.

Avorter est la décision d'éliminer quelque chose en plein processus de formation qui a été créée pour une raison.

Par exemple la NASA va construire un vaisseau spatial avec un but spécial à l'esprit mais encore en plein milieu du processus de construction, soit pour une raison qui vient du constructeur lui-même soit au moment du lancement, la NASA a décidé d'annuler la mission. Cela veut dire que, soit ils ont décidé de l'éliminer soit de l'arrêter. Justement parce que des projets ou des missions, qui ont vu le jour dans le coeur de l'homme, sont éliminés par choix pour le meilleur ou pour le pire.

Cela est la même chose, en l'occurrence, pour ce qui est d'avorter un enfant en formation dans la matrice d'une mère, ceci veut dire :

Décider – Éliminer - Défaire

Avorter est mettre une halte à la formation du foetus au sein de la mère. Il est important de mentionner ici, qu'il existe des avortements spontanés qui ne sont pas induits par une décision parentale, mais cela arrive à cause de certaines complications de la grossesse. Dans ce cas la fausse couche arrive de façon naturelle et il n'y a en aucune manière transgression ni de la loi divine ni de la loi de l'homme.

Par ailleurs quand un couple et leur médecin décident d'un avortement il y a préméditation quant à la solution sur le sort d'un être humain.

Il y a une grande différence entre une fausse couche naturelle et un avortement provoqué. L'avortement ou l'assassinat d'un foetus, c'est l'élimination ou le crime d'un enfant au sein de sa mère à n'importe quel point de son développement, entre la fertilisation (quand le spermatozoïde et l'ovule fusionnent) jusqu'aux prémisses de l'accouchement. Ceci est la transgression du cinquième des dix Commandements : « Tu ne tueras point ».

La vie humaine commence dès la conception. A ce moment précis Dieu a créé une âme unique et éternelle, qui est à l'image de Dieu. Car c'est Dieu qui forme et modèle de Ses propres mains et surveille cet être alors qu'il n'est qu'un embryon informe (Psaume 139 :13). Même dans l'utérus - comme beaucoup de textes Bibliques le disent - l'homme est la création la plus élevée de la part d'un Père aimant.

Ceux qui défendent l'avortement et en font l'apologie, veulent toujours couvrir la nature criminelle de l'acte, la honte de l'acte par une terminologie confuse et vague, cachant le meurtre par des expressions telles que « interruption volontaire de grossesse » ou encore par des concepts comme « pro - choix » ou « pro - vie ». Aucune de ces joutes linguistiques ne peuvent cacher le fait que l'avortement est un meurtre.

## Pourquoi l'Avortement est-il un Meurtre ?

L'utilisation du terme « fœtus » peut amener les gens à penser que ce qui est dans l'utérus n'est pas en fait un bébé. En fait il y a ceux qui le considèrent comme quelque chose comme du tissu humain déformé…….. Néanmoins, dès le moment de la conception il y a déjà une vie indépendante commençant son propre processus de développement.

Pendant la grossesse. Le bébé entend tout et après quelques mois il reconnaît même les voix de son père et de sa mère, il répond aux stimuli auditifs et visuels, comme cela s'est vérifié pendant certaines bonnes méthodes d'évaluation de santé du fœtus.

Je peux confirmer ceci par mon expérience personnelle, quand notre fille Claudia, attendait son premier enfant, elle et son mari, Marcelo, parlaient et chantaient tout le long de la grossesse au bébé. Ils ont imploré Dieu de former sa personnalité, son corps et cetera et ce à partir du jour où il vit la lumière. Je peux dire qu'en fait Andrew - qui a déjà dix ans- est l'exemple vivant des prières de ses parents et de ce qu'ils lui ont communiqué pendant sa gestation.

# Raisons pour Avorter

Juste après la conception, certains sont envahis par tellement de craintes qu'ils optent pour un avortement. Si le couple en question est marié et qu'ils ne veulent pas encore de bébé à cause de leur situation économique ou parce qu'ils ont une mauvaise expérience avec un autre enfant ou parce qu'ils savent ce qu'un autre couple a vécu avec leur enfant  et qui a abouti en un divorce ou les risques d'une grossesse ou des complications pendant un accouchement. Ce genre de craintes ou d'autres que je n'ai pas cité ces couples décident d'avoir un avortement.

Laissez-moi dire à ces couples que, rejeter ce que Dieu vous a donné est un péché.  Qui plus est, que si Dieu envoie un enfant dans ce monde, que ce soit par sa propre décision ou parce la grossesse est un accident, Dieu va pourvoir aux besoins de cet enfant, quels qu'ils soient.   Donc nous ne devons jamais oublier la Souveraineté de Dieu, qui a promis un ange gardien à chaque enfant de ce monde.

Bien sûr que les risques existent et des problèmes arrivent mais je peux vous assurer que cela vaut la peine de prendre ces risques car un enfant peut être la plus riche des sources de bénédictions de Dieu.

Après une année de mariage, mon épouse, Ana Maria et moi avons eu deux merveilleux garçons jumeaux, mais comme ils étaient prématurés ils sont morts quelques heures après.  La douleur, la confusion, la peur et la déception nous ont envahis.  Vous pouvez vous imaginer ce que nous avons traversé.  Pourtant, grâce à notre foi en Dieu, un an plus tard, est né notre premier fils Sergio, puis sont arrivés Claudia, Miguel et finalement Pablo.

Aujourd'hui certains d'entre eux sont mariés, les autres le seront bientôt. Nous avons deux petits-enfants qui enrichissent nos vies même si nous vivons parfois des temps difficiles et des tempêtes.

Dans le cas des couples non mariés, un enfant peut être le ciment de leur union charnelle et spirituelle, même si leur union n'a pas l'approbation de Dieu. Ils peuvent aspirer à un avortement parce qu'avec un enfant, cela serait plus difficile de se séparer si cela ne marchait pas entre eux ou plus simplement parce qu'ils sont dans l'incapacité d'assumer un engagement pour la vie.

A ces gens je dirais que, l'absence d'un engagement marital n'offre pas plus de liberté, de sécurité et moins d'amour mais plutôt un amour égoïste et superficiel avec une peur et des doutes du futur.

En fait, vivre ensemble ne libère pas des liens matrimoniaux, comme le Message de Dieu dans la Genèse 2 :24 le dit : « qu'un homme devrait quitter son père et sa mère, rejoindre sa femme ainsi les deux peuvent s'unir et ne former qu'un ».

Cela veut dire que quand un homme et une femme vivent ensemble, qu'ils solidifient leur relation par une union sexuelle, ils sont un comme dans un mariage. Alors mon conseil serait que : «vous devriez vous marier et si Dieu vous donnait un précieux enfant, n'ajoutez pas l'horreur de sa destruction à votre faute de vivre ensemble sans être mariés ».

Le cas pourrait être aussi que quand une femme tombe enceinte, l'homme ne voudrait pas de cet enfant. S'ils sont opposés, la femme se fait avorter pour ne pas perdre l'homme.

Mon conseil à cette femme est qu'elle devrait rester ferme dans sa décision de garder l'enfant, même si le père l'abandonne, Dieu dans son Amour et sa Justice ne le fera pas. Dieu prendra soin d'elle et de son enfant car c'est bien de défendre la vie de l'enfant qu'elle porte.

En tous les cas il est préférable de perdre quelqu'un qui est insensible à la fois à l'amour et à la crainte de Dieu, même s'il fut un moment donné, l'amour de votre vie, que de perdre votre enfant.

Psaume 27 :10 [NVI – Nouvelle version internationale] dit :

*« Même si mes parents m'ont abandonné,
DIEU me recevra ».*

En fait de nombreux pays ont des foyers qui aident les femmes monoparentales ou des femmes simplement, spirituellement ou financièrement; donc avant d'avorter il vaudrait mieux se tourner vers ces organismes.

Il y a aussi des cas où des hommes et des femmes tombent devant les tentations sexuelles, ou dans l'adultère ou la fornication et des grossesses peuvent arriver. Il y a de nombreuses raisons qui les pousseraient vers l'avortement

Il se peut qu'un des deux ou tous les deux soient célibataires et qu'un enfant les mettrait dans une situation compromettante. Ceci étant sans parler de la honte d'être découvert.

A ce point laissez moi vous dire que l'avortement n'est pas la solution pour couvrir un péché ou pour arranger une situation compromettante. Au contraire, c'est se confesser, se repentir et d'avoir la bravoure d'y faire face qui résoudra le problème. Cela n'a pas de sens d'ajouter un péché à un autre.

Ce que nous devons comprendre c'est que le péché a été commis lors de la rencontre pour du commerce sexuel illicite.

Un enfant dans ce genre de circonstances, peut impliquer des changements de plans et un sentiment de honte. En l'occurrence, Dieu ne permettra jamais que ceux, qui sont dans le droit chemin et dans la vérité, aient honte. Mais vous pouvez être sûrs que ceux qui se seraient moqués ou qui auraient usé de calomnie, auraient à faire face au Jugement de Dieu.

Pour ce qui est du cas de la prostituée qui tombe enceinte, cela serait un fardeau pour elle dans sa liberté pour la continuation de son commerce. Par ailleurs, il entre en ligne de compte la notion de préjugés sociaux vis-à-vis de l'enfant, qui sera étiqueté comme « l'enfant de la prostituée », donc cela pourrait la pousser à se faire avorter.

La Bible mentionne des cas d'avortement (Exode 21 :22-23). Si un avortement involontaire était condamné alors que dire d'un avortement volontaire! Job aussi en a parlé ce qui nous indique que ce problème existait de son temps. Peut-être que des femmes comme Marie-Madeleine et d'autres qui ont suivi Jésus, ont commis ce genre de péché, ce qui, aux yeux de Dieu, est considéré comme n'importe quel autre péché, cependant la Grâce de Dieu a été suffisante pour elles.

Un autre argument de la part des féministes, des libéraux ou ces groupes

Pro - choix (qui sont pour l'avortement) est que les femmes devraient avoir le droit de décider si l'enfant qu'elles portent, devrait naître ou pas. Ils pensent

qu' avec un avortement il n'y aurait plus de problème, tel qu'un enfant non désiré ou un enfant qui ne serait pas aimé, ou un enfant qui ne serait pas nourri proprement, ou ne pourrait avoir une vie décente. Pour ces groupes l'avortement est une façon de les libérer de ce qui les brimerait. Donc c'est un des moyens de corriger une faute d'irresponsabilité, de négligence, un accident ou l'ignorance qui résultent d'une simple rencontre sexuelle.

Derrière tout cela il y a l'idée que, l'avortement devrait être une façon valide de corriger une situation qui, si elle restait telle qu'elle était, aurait un résultat non désiré ou imprévu.

Oui mais le pire est que, l'avortement est le plus grand crime jamais commis pour couvrir, dans bien des cas, des actes embarrassants et des situations intenables, qui sont reconnus comme étant des péchés comme la convoitise, l'infidélité ou le sexe débridé. Autrement dit, tout ce qui est sexe relâché et trop libre en dehors du mariage.

Essentiellement, la décision d'avorter est de commettre un crime pour en couvrir un autre.

Cela est rédhibitoire, de couvrir un pécher par un autre. Quand nous comprenons que, le sexe en dehors des liens du mariage, est une transgression de la loi divine, alors l'abstinence peut nous aider à éviter ce qui est en fait le plus cruel, à savoir l'avortement.

# CHAPITRE 3

## AVORTEMENT: CRIME OU DROIT ?

Vers la fin de septembre 2000, la (FDA) « Food and Drug Administration » a autorisé la vente du RU 486 sous forme de pilule, pour être utilisé afin de mettre fin à une grossesse dans le délai de 50 jours. Les femmes alors, si elles décident de le faire, peuvent facilement arrêter une grossesse elles - même sans aller voir un médecin.

Une fois que la FDA a annoncé la vente ainsi que les restrictions qui allaient avec la pilule, le débat sur l'avortement fut rallumé. Les libéraux et les groupes féministes ont immédiatement applaudi la décision parce qu'elle était une étape positive - d'après eux – vers la reconnaissance du droit des femmes à choisir ce qui affecte leur corps.

Par ailleurs, les « leaders » religieux de tous bords opposés à l'avortement élevèrent leurs voix pour dénoncer l'approbation de cette pilule, car disaient-ils, son utilisation ouvrait la voie à l'élimination sans restriction de créatures sans défense.

Dans certaines parties du monde comme par exemple les pays d'Amérique Latine, l'avortement est banni par la loi, même s'il y a certaines exceptions comme le viol d'une femme handicapée mentale. Mais encore, malgré l'interdiction plusieurs organisations de santé disent que l'avortement se fait tous les jours dans de mauvaises conditions, avec des instruments ou des méthodes non scientifiques.

En Argentine, à cause du secret, le nombre d'avortements n'est pas connu en tant que tel, mais sur la base du nombre de celles qui viennent pour des complications suite à une procédure d'avortement, il est estimé que cela dépasse les 500,000 cas par an. Ces statistiques sont fournies par le Ministre Argentin de la Santé qui a aussi mentionné que les naissances se montaient à 700,000. Il est regrettable qu'il pense que l'avortement devrait être légalisé, dans le but d'éviter les 500,000 morts par an alors qu'il oublie de parler des 500,000 qui n'auront pas le droit de vivre.

Aux États – Unis d'Amérique les chiffres sont plus spécifiques parce que les avortements sont pratiqués dans des cliniques autorisées à le faire. Un chiffre conservateur de 1,500,000 cas par an.

Les chiffres sont de plus en plus hauts parce que le fœtus est tué et plus tard la mère meurt des suites soit par une sérieuse infection soit par hémorragie.

Ceci est la raison la plus contraignante d'après les groupes féministes ou d'autres qui défendent les droits des femmes à avorter, parce qu'une fois légalisé il y aura moins de femmes qui meurent à cause de l'avortement et des soins médicaux appropriés seront à disposition. Mais si nous agréons à cet argument, il est certain que les organisations pro – choix vont continuer à revendiquer et la confusion va continuer.

# Avortement et adolescentes

Derrière tout ceci, il y a une grande stratégie de marketing pour manipuler l'opinion publique, et la jeunesse est ciblée.

Depuis que la pilule RU 486 est apparue il y a dix ans, le gouvernement Français a fléchi devant la pression des groupes féministes pour légaliser l'avortement. Avec les années, cela n'a pas montré son efficacité puisque de nos jours ce sont les adolescentes qui fréquentent les cliniques d'avortement. Le plus ahurissant c'est qu'elles viennent accompagnées de leurs mères.

De plus en plus de demandes a poussé à l'agrandissement des cliniques mais malgré cela beaucoup de jeunes vont à l'étranger. Certaines jeunes – filles qui n'ont pas assez d'argent pour voyager finissent par se suicider.

Aux États – Unis d'Amérique, l'administration Clinton en copiant le modèle Français, a pris la décision de légaliser la pratique. Pour certaines adolescentes, la révolution sexuelle commence autour de 13 ans, mais quelquefois cela va aussi jeune que 10 ans…..

Cette révolution sexuelle ou liberté charnelle à ce si jeune âge est le reflet d'une société décadente, qui a échoué là où il n'y a pas de cercles de famille assez solides ou de force identitaire. Il existe une obsession à faire de l'argent pour pouvoir s'habiller à la dernière mode afin de séduire le sexe opposé ou le même sexe parfois.

Dans cette vie dissipée, quand ces jeunes tombent enceintes, elles pensent à tort que l'avortement est la solution idéale pour éviter la culpabilité ainsi que la responsabilité d'un échec amoureux ou tout simplement une petite folie de jeunesse.

Voilà ce qui se cache derrière l'avortement, finalement cela devient la couverture d'une multitude de péchés qui sont commis depuis la jeunesse.

En faisant ce genre de promotion, les grandes compagnies pharmaceutiques font énormément d'argent, qui plus est cet argent est multiplié de manière exponentielle avec la vente de la fameuse pilule Mileprex, qui n'est en fait que le nom commercial du RU 486.

Il n'y a pas de doute que la conscience populaire cesse d'exister et la vie a moins de valeur quand le mercantilisme prend la place pour faire de l'argent au prix de ces enfants tués.

Dans les deux prochains chapitres nous allons passer en revue quelques témoignages de femmes, dont la plupart sont jeunes ou adolescentes, qui ont vécu l'expérience de l'avortement.

# CHAPITRE 4

## LA BIBLE, L'AVORTEMENT ET L'ANTE – CHRIST

Même si beaucoup de gens disent que la Bible ne se réfère pas à l'avortement comme tel, comme par exemple, d'autres confessions de la Chrétienté - comme la Trinité – il y a des références par rapport à cela. Le prophète Amos condamne les Ammonites pour la pratique de l'avortement en ces mots :

Voici ce que le Seigneur dit : « Pour les trois péchés d'Ammon, même pour quatre je ne retournerai pas à mon courroux.  Parce qu'il a ouvert les femmes enceintes de Giled ». (Amos 1 :13).

Même si le crime n'est pas spécifiquement nommé mais ce qui a été fait est parfaitement clair.

Nous pouvons dire donc, que l'avortement est anté - Chrétien pour les raisons suivantes :

1)      La Bible nous dit que quand Dieu a créé l'homme, il a soufflé dans ses narines le souffle de la vie (Genèse 2 :7).  Le souffle de la vie est la vie même et vient de Dieu.

2)      Aussi la Bible nous enseigne que dès le départ, le Christ est celui qui donne la vie, parce qu'en Lui il y a la vie et que la vie a été faite grâce à Lui et par Lui (Jean 1 :4).

Dans le même Évangile (5 :21), il est dit que Jésus est celui qui donne la vie. Le Christ est venu pour donner la vie physique à tous ceux qui sont conçus dans l'utérus de leurs mères et la vie éternelle à ceux qui se repentent de leurs péchés. En bref, nous pouvons dire que l'intention du Christ est de toujours donner la vie.

Par ailleurs, il existe quelqu'un qui est venu pour tuer et la Bible le présente comme l'antéchrist.

L'antéchrist est celui qui se rebelle contre le Christ et s'oppose contre tout ce que le Christ fait et dit (ses valeurs). Ceci revient à dire que quiconque s'oppose au droit à la vie et utilise n'importe quelle méthode pour tuer est l'antéchrist.

Jésus lui-même a dit que l'ennemi vient pour voler, tuer et détruire. Quiconque détruit une vie est l'antéchrist et est jugé comme tel.

Les docteurs qui pratiquent l'avortement ainsi que les parents qui y aspirent sont l'antéchrist. La seule exception serait la fausse couche qui arriverait naturellement.

L'antéchrist est un esprit qui s'oppose à la vie. Il rejette tout ce qui vient du Christ, et tout ceux qui sont sous son influence deviennent des instruments de mort et de destruction.

# CHAPITRE 5

## TÉMOIGNAGES

### Une fille Brésilienne

Il y a deux mois j'ai vécu l'expérience la plus traumatisante de ma vie. Mon petit ami était de la ville de Curitiba et moi de San Pablo au Brésil. Nous ne nous voyions pas souvent pendant les huit mois que nous nous sommes fréquentés mais nous aimions passionnément et je suis tombée enceinte. Il était plus jeune que moi de quatre ans et ma mère le disputait beaucoup, Finalement j'ai décidé d'avorter même si j'étais enceinte de presque quatre mois. Je suis allée à Curitiba et j'ai acheté des pilules appelées Cytobec.

Après en avoir pris je suis entrée dans de grandes douleurs à tel point qu'à l'hôpital on m'a assise sur une chaise roulante, quand je suis allée aux toilettes le bébé est passé. Je n'ai pu m'empêcher de regarder et c'était un garçon. Les mains, les jambes, les oreilles tout était parfaitement bien formé. Quand l'infirmière est venue tirer la chasse d'eau des toilettes le désespoir m'envahit, j'ai beaucoup pleuré, j'ai eu aussi beaucoup de remords mais c'était trop tard.

Le lendemain je suis retournée à l'hôpital pour un suivi, mon petit ami était avec moi mais je me suis sentie seule. Pendant que j'attendais l'anesthésiste sur la table, j'ai clairement entendu les pleurs d'un bébé. Dans la salle de réveil, une infirmière est venue avec un bébé pour une de mes voisines, elle me l'a montré et je souhaitais désespérément qu'il fût le mien. Bien entendu je ne suis plus avec mon petit ami et je sais qu'il a été mentalement affolé par ce qui est arrivé, j'avais besoin de son support et je ne l'ai pas eu.

Tous les jours je prie Dieu de protéger mon fils où qu'il soit. Je demande aussi à mon fils de me pardonner et je lui ai dit que tout ce que je souhaite est de le ramener.

*Anonyme. 24 novembre 2000*

Ce qui m'impressionne ici c'est que dès qu'elle a vu son fils elle a eu des remords et souhaitait le ramener à la vie. Nous savons que c'est physiquement impossible. Avant de décider de faire ce qu'elle a fait il faut penser aux conséquences physiques, spirituelles et sentimentales. Le couple est cassé mais ils ont un fardeau à porter chacun pour soi.

**Une autre étudiante Brésilienne**

Je suis arrivée à la clinique avec mon petit ami et ma mère. Le médecin m'a expliqué cela ne prendrait pas plus de cinq minutes avec la méthode Américaine de succion donc j'ai pensé que ce serait facile puisque je n'étais enceinte que de deux mois. L'anesthésie n'a pas pris complètement parce que je sentais ce que le médecin faisait comme si je rêvais. Cela n'a pas pris de temps et le réveil n'a pas pris plus de dix minutes. En tout et pour tout cela avait pris une demi-heure, nous sommes allés au MacDonald et je me sentais libérée, contente. De là je suis allée travailler, j'enseignais l'Anglais et dans ce temps là, je remplaçais une collègue qui allait avoir un enfant. C'est à partir de ce moment que j'ai commencé à remarquer les enfants, ces petits anges. J'ai souffert et j'en souffre encore. Je ne pouvais en parler à personne et à la maison l'avortement était un sujet tabou. Je suis restée avec mon petit ami pour un autre trois ans mais il voyait bien que je regrettais mon geste. Mon enfant serait là à l'heure qu'il est et son nom aurait été Angel. Je me suis jurée que je ne referai plus cela, je ne retomberai enceinte que quand je serai prête. Les souvenirs sont si réels et je me sens si coupable. J'écris ces lignes en l'honneur de mon bébé ce 2 novembre 1999.

Anonyme

Ici le remords et le fardeau de la culpabilité torturent. Même si l'avortement est un succès, la fin inévitable tourne la liberté et bonheur en malédiction.

**Une interruption de grossesse spontanée**

ou fausse couche)

Au départ j'ai été heureuse de cette grossesse inattendue, puis le désespoir a pris place. Comment est-ce que le père allait le prendre. Effectivement il m'a demandé de m'en débarrasser. Ce fut la décision la plus difficile de ma vie mais je me suis décidée à avoir cet enfant avec ou sans lui. Tout doucement il a fini par accepter mais a fini par y être indifférent.

Je parlais au bébé et lui expliquais qu'avec le temps son père apprendrait à l'aimer. Je devais rester au lit pendant quatorze semaines à cause d'une hémorragie de dix jours. Après nous avons été sur la côte, une nuit j'ai eu très mal et mes eaux ont crevé, j'étais en train de perdre mon fils.

J'étais dans une situation sans espoir. J'ai demandé à Dieu de faire cesser l'agonie qui faisait souffrir mon bébé. Nous sommes revenus à Victoria pour aller voir mon médecin il y a une semaine. Maintenant j'essaie de surmonter la culpabilité. Je me sens coupable de ne pas avoir été capable de faire quoi que ce soit. Le deuil est considérable mais la consolation pourrait être meilleure.

Mon Fils : tu es parti mais tu es très aimé. Chaque nuit je t'entends chanter dans mes rêves et je t'imagine me souriant. Ton souvenir a rempli nos coeurs. Pardonne moi mon fils.

L'amour d'une mère  
Flavia Jazmin  
3/8/2000  
flavia yazmin@yahoo.com

Malgré le manque de lien de cause à effet, cette fausse couche laisse un relent de culpabilité, de deuil et de tristesse. C'est comme cela que je me suis senti, ainsi que mon épouse Ana Maria, quand nos jumeaux sont morts. Même s'ils sont nés naturellement il y avait un sentiment de culpabilité et de deuil. Dans le cas de cette jeune dame, elle s'est blâmée pour n'avoir pas été capable de faire quelque chose. Dans notre cas nous nous sommes blâmés d'une possible négligence.

Il est important de savoir que Dieu est toujours prêt à nous pardonner et à nous réconforter mais il est nécessaire que nous puissions nous pardonner nous-même. Combien de fois nous acceptons le pardon de Dieu mais nous continuons à nous torturer parce que nous ne nous sommes pas pardonnés.

## Brenda Pratt Shafer Infirmière septembre 1993

Brenda P. Shafer est une infirmière de treize ans d'expérience, elle a été envoyée par l'organisation de santé pour laquelle elle travaillait, à assister dans une clinique d'avortement. Comme elle se considérait elle-même comme étant pro – choix, elle ne s'imaginait pas que ce travail allait lui créer de problèmes majeurs, sauf que c'était faux.

Voici :

J'étais à côté du docteur pour l'assister pendant un avortement qu'il pratiquait sur une femme enceinte de deux mois.

Les battements de coeur du bébé étaient visibles sur l'écran de l'échographie. Le médecin a extrait tout le petit corps sauf la petite tête. Le corps du bébé était secoué par des soubresauts, ses mains se fermaient et s'ouvraient, il suffoquait par manque d'air. Le médecin a pris la tête de l'enfant, et en réaction paniquée le petit a ouvert les bras comme quand on sent qu'on va tomber, comme s'il voulait éviter ce qu'il lui arrivait.

Puis il a introduit le tube aspirateur dans la tête du bébé, qui était déjà mort.

Je ne suis jamais retournée à la clinique, la face du bébé me hantait, c'était une parfaite petite face angélique. Croyez moi si la chaise électrique était la punition pour ceux qui tuent des bébés, il n'y aurait pas assez de chaises au monde. Mais un jour je sais qu'il y aura justice et Dieu qui est assis sur le trône, les condamnera au tourment éternel. Ils n'y échapperont que s'ils se repentent et arrêtent ces pratiques incroyablement destructrices.

## L'assistante du Dr David Brewer

Je me souviens quand l'incision pour la césarienne a été faite, avant que le médecin crève les eaux, on pouvait voir le bébé baignant dans le liquide amniotique. Une pensée me vint « mon Dieu, c'est une personne ! ». J'ai senti une horrible douleur au coeur à la crevaison des eaux, je n'ai pas pu y toucher.

Je me considère une bonne assistante mais je n'ai pas pu m'empêcher d'en souffrir. J'ai tout simplement regardé ce qui se passait. Plus tard, éventuellement, ce qui était arrivé a pénétré mon coeur et mon esprit. Nous avons juste pris un petit bébé, qui ne faisait pas de bruit ou presque et nous l'avons mis dans une jatte en acier.

Pendant la fermeture de l'incision de l'utérus, je me retournais de temps en temps et je le voyais qui gigotait  et plus le temps avançait moins il bougeait.

Plus tard quand la chirurgie était finie, je suis retournée voir le fœtus, qui continuait à essayer de respirer et je voyais son coeur battre. Une si petite créature sans défense qui même quand on l'a arrachée du ventre de sa mère continue à se battre avec ses moyens, mais vainement jusqu'au moment décidé par Dieu. Bien entendu l'homme est plus intéressé à faire des profits que de penser à cette créature se battant dans ce contenant en acier froid.

## Un autre témoignage

Je suis allée à une clinique de Washington DC le 6 avril 1988.  De suite ils m'ont donné du valium pour me calmer et peut-être aussi pour que je ne fasse pas demi-tour et m'en aille.

Cela m'a coûté $750.00 et je m'y étais engagée.  Dans la salle d'attente il y avait au moins vingt femmes.  L'une d'entre elles était enceinte de huit mois, elle disait qu'elle avait attendu tout ce temps là pour mettre l'argent de côté.

Je pensais que dans mon cas, il était un peu tard pour un avortement et j'étais convaincu qu'à 18 semaines ce n'était qu'un amas de chair.  Ils m'ont passé un « sono gramme » mais ils ne m'ont laissé l'écouter, puis je suis passée devant un psychologue pour évaluation soi-disant pour s'assurer que je pouvais continuer. Cela n'a pris que cinq minutes et même si je pleurais et avais des convulsions ils ont décidé que je pouvais continuer le processus. Quand ils ont senti que j'étais en train de commencer à reculer, ils ont agi comme un vendeur qui veut vite finir des négociations.

Le moment venu je n'ai pas été anesthésiée mais attachée à mon lit. Puis j'ai enduré le moment le plus terrible et le plus douloureux de ma vie. Les infirmières me criaient de me calmer. Parce que je pleurais désespérément. Ils m'ont dit que si je n'arrêtais pas de bouger mon colon et mon utérus seraient endommagés. J'ai senti le sang couler jusqu'à mes hanches et la succion était tellement forte que je croyais toutes entrailles aspirées.

Quand je les ai exhortés d'arrêter et demandais si c'était fini, ils m'ont répondu qu'ils devaient s'assurer que toutes parties du corps étaient bien retirées. Parties ? Je pensais que c'était juste un amas de chair ! Soudain je vis l'infirmière avec mon bébé en pièces sur le plateau.

Ils ont vite caché l'évidence du crime et m'ont conduite à la salle de repos. D'autres femmes y étaient, nous pleurions toutes en position fœtale. Ils m'ont renvoyée chez moi sans vérifier que tout allait bien. Dans l'autobus en retournant chez moi, le sang coulait le long de mes jambes. A la maison j'ai laissé croire à mes parents que tout s'était bien passé. Je suis allée au lit pour pleurer, je me sentais vide, triste et horrible !

J'ai essayé de ne pas en parler mais je me suis retrouvée avec le syndrome post-avortement de toutes manières. J'ai connu l'angoisse, la dépression, le remord et plus encore ce que je ne souhaiterai pas à mon pire ennemi.

Que la miséricorde de Dieu soit sur ces âmes précieuses.

En mémoire de mon fils Christopher.
12/1/87 – 4/6/88

**Montangem Lily**

A écrit cet article intéressant intitulé « Aferrarse a la vida » (S'accrochant à la vie) dans un journal de quartier :

Un photographe qui couvrait une chirurgie corrective du spina bifida, sur un fœtus de 21 semaines encore dans l'utérus de sa mère, ne s'attendait pas à ce que sa caméra capture ce qui est certainement le plus éloquent argument des pro – vie jusqu'à nos jours.

Pendant que Paul Harris filmait la chirurgie fœtale à l'université Vanderbilt à Nashville au Tennessee, il a capturé le merveilleux moment où le bébé était sorti de l'utérus de sa mère par le médecin, il a tendu son petit bras et a attrapé le doigt du chirurgien qui allait l'opérer incessamment.

Cette photo spectaculaire a fait le tour du monde. La petite main, qui a attiré l'attention de toute la terre, était celle de Samuel Alexandre, dont la naissance était le 28 septembre de l'année dernière. La photo a été prise alors que sa mère n'avait pas encore cinq mois de grossesse.

La photo parle d'elle-même. La vie du bébé ne tenait qu'à un fil, le spécialiste savait qu'il ne pouvait sortir le bébé complètement de l'utérus de sa mère pour trop longtemps pour qu'il puisse continuer son développement normal mais encore fallait-il l'opérer afin de corriger le défaut du « Spina Bifida ». Cette image est devenue la plus importante photo médicale performée récemment surtout celle d'une opération extraordinaire.

Samuel est donc le plus jeune patient qui a subi ce genre d'opération et je suis sûre que maintenant il tend toujours le bras pour saisir le doigt du Dr Bruner.

Justin McCarthy, un homme de télévision, a dit qu'il était impossible de ne pas s'émouvoir en regardant cette image forte, d'une si petite main se saisissant du doigt de la main qui va lui sauver la vie. Comme quoi la main peut sauver des vies. La vie est un don précieux et cela dépend de nous tous.

La précieuse image est sur l'internet.

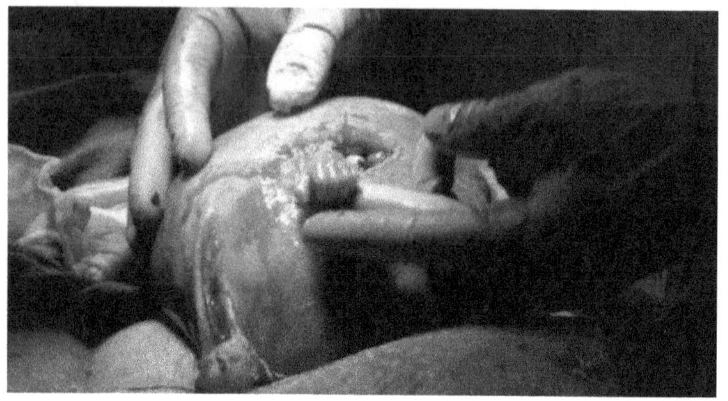

# CHAPITRE 6

## DIFFÉRENTES MÉTHODES ABORTIVES

Regardons ces images de bébé pendant la grossesse ainsi que certaines méthodes utilisées pendant les avortements. Tout est réel donc cela nous aidera à mieux comprendre que ce qui est en gestation dans l'utérus de la mère n'est pas juste un "fœtus" mais un être humain.

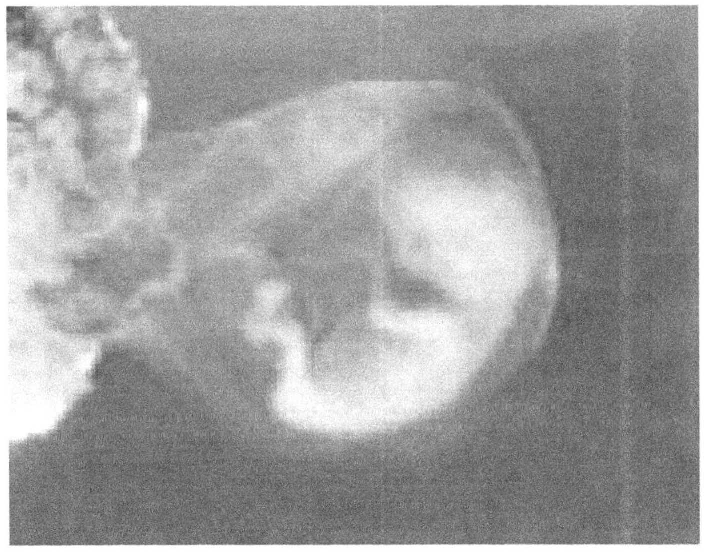

VIVANTAVORTÉ

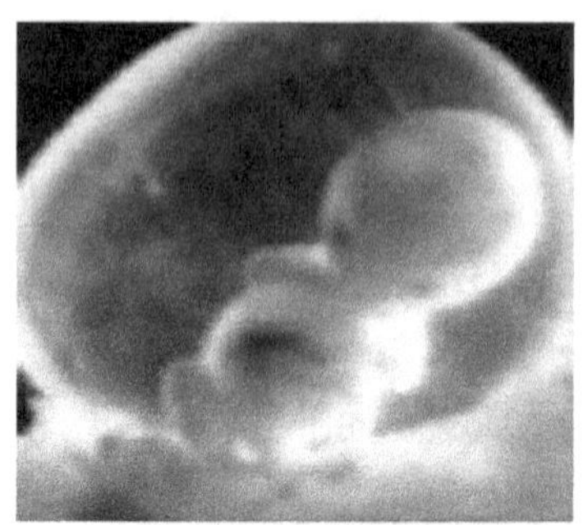

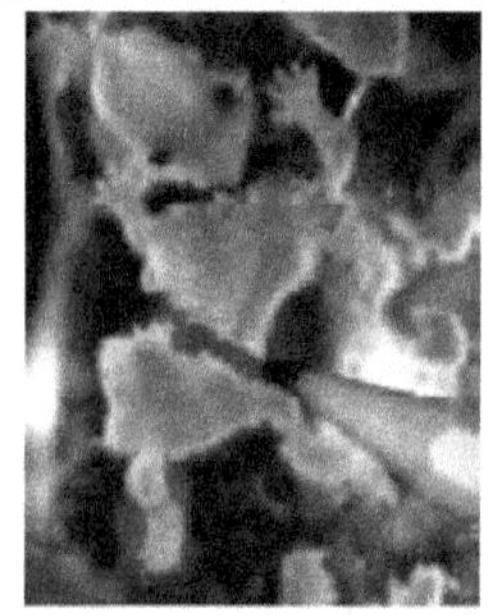

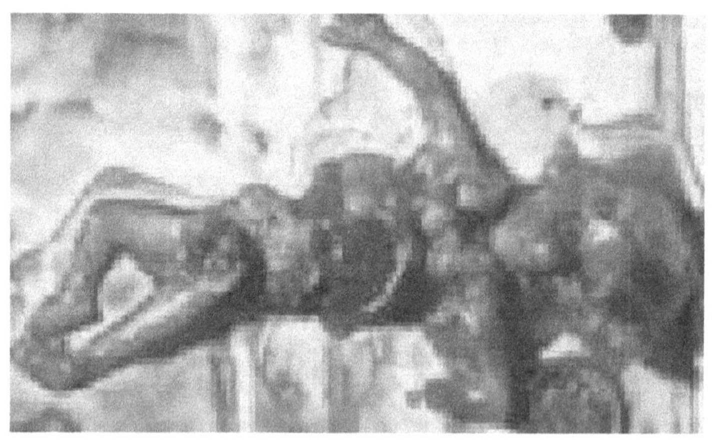

**Ce bébé a de 8-10 semaines**

Il peut déjà appréhender ce qu'il y a autour de lui. A ce stade de son développement son battement cardiaque sera noté sur l'électrocardiogramme et il peut nager dans le liquide amniotique.

A partir de ce stade, toutes les fonctions physiques du fœtus vont faire leur travail: il respire, il digère ce qu'il mange, il avale, il urine, etc…Le corps miniature du bébé est complet. Il est clair qu'on puisse voir que même ses pieds sont parfaits.

La photo suivante montre un avortement utilisant une *aspiration* ou une *succion*.

**Ce foetus avait entre 10 – 14 semaines. Bien formé déjà car toutes les parties sont visibles. Avec cette méthode d'avortement le corps est déchiré en morceaux et aspiré.**

L'avortement par succion est pratiqué entre la 6ème et la 12ème semaine de grossesse. Cette méthode est faite en introduisant un tube par le col de l'utérus, puis il est connecté à un gros aspirateur puissant qui détruit le corps du bébé lors de son extraction. Puis avec le même tube ou une curette (un couteau courbé en acier) le médecin coupe le placenta de la paroi utérine et l'extrait. Presque 95% des avortements sont faits de cette manière. Souvent les différentes paries du corps peuvent clairement identifiées. (pris de www.vidahumana.com)

Je suis conscient que ces images puissent choquer certaines âmes sensibles car c'est comme cela que nous réagissons quand un corps est déchiqueté et jeté sur le sol lors d'un accident, d'un vol ou d'une guerre. Ces images sont horribles.

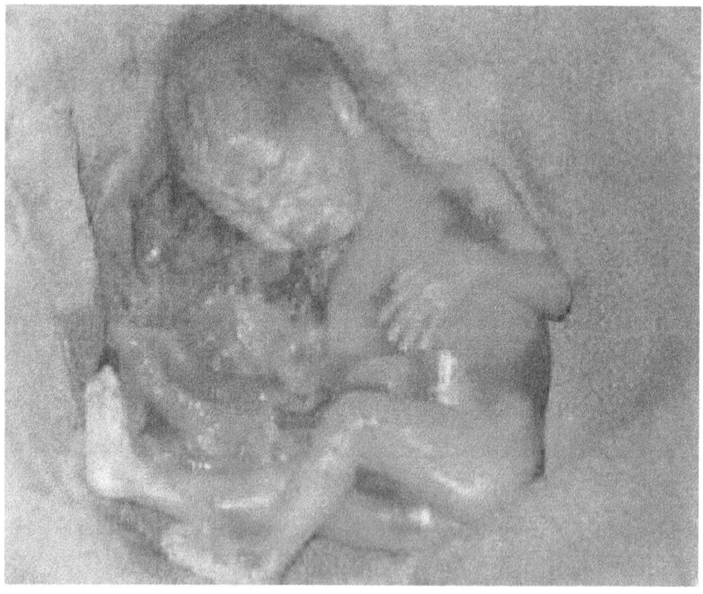

Une autre méthode de détruire un bébé dans l'utérus de sa mère, est l'empoisonnement par le sel.

Après la 16ème semaine, une grande aiguille est introduite dans l'abdomen de la mère jusqu'à ce qu'elle pénètre la poche des eaux. Puis une injection salée est faite, empoisonnant le bébé quand il respire ou avale la solution. C'est un long processus qui prend une heure à tuer le bébé. La mère va avoir des contractions et après 24 heures, le bébé passera, ce qui est ici ironiquement appelé « le produit de la grossesse »

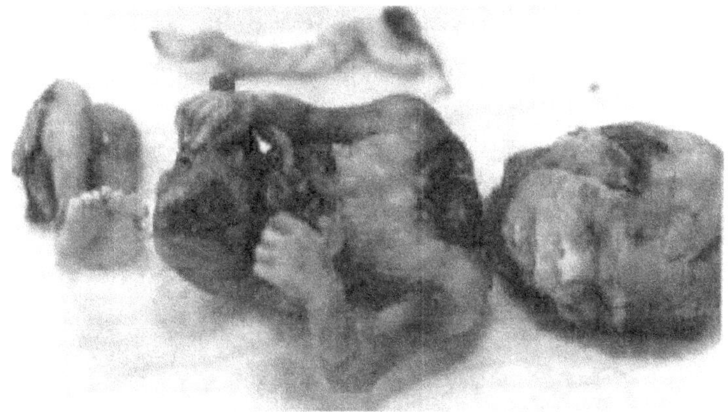

Ici le bébé a 19 semaines, l'injection de soluté salée empoisonne le bébé au fur ct à mesure que le bébé l'avalera. Sa peau sera brûlée à cause de l'acide caustique utilisé pour nettoyer les instruments chirurgicaux. Le bébé va souffrir pendant une heure avant de mourir doucement.

La photo suivante est celle d'un avortement utilisant la dilatation et l'évacuation fait sur un bébé ayant entre 7 – 12 semaines.

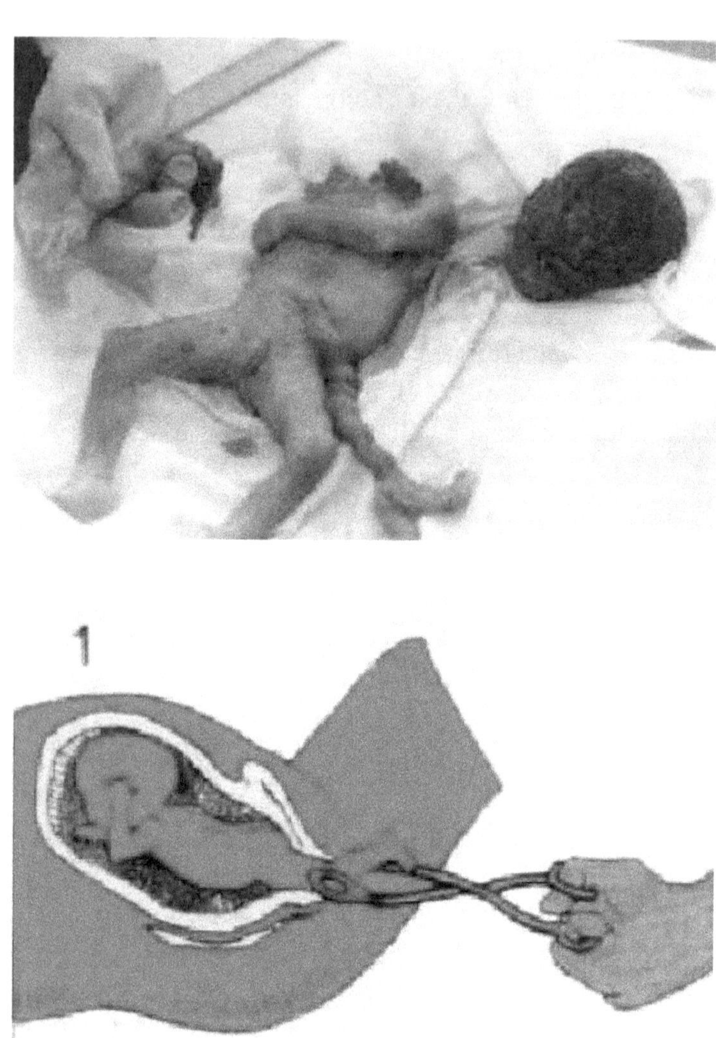



L'avortement du mi-né (moitié né) commence quand le docteur prend le bébé dans l'utérus de sa mère avec des forceps.

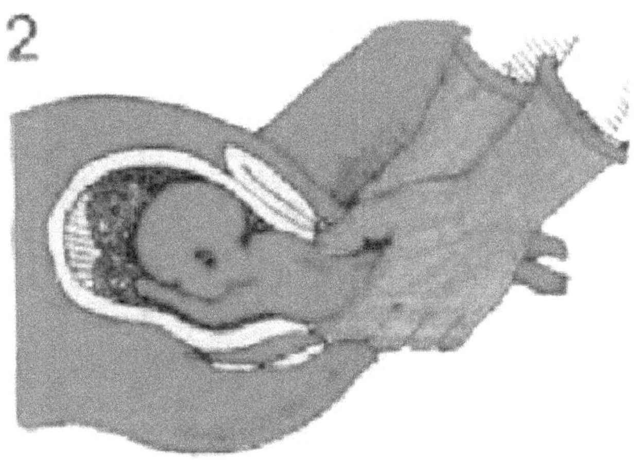

Quand les pieds sont sortis, l'avorteur le prend comme pendant l'accouchement mais en s'assurant que ce sont les pieds qui sortent en premier.

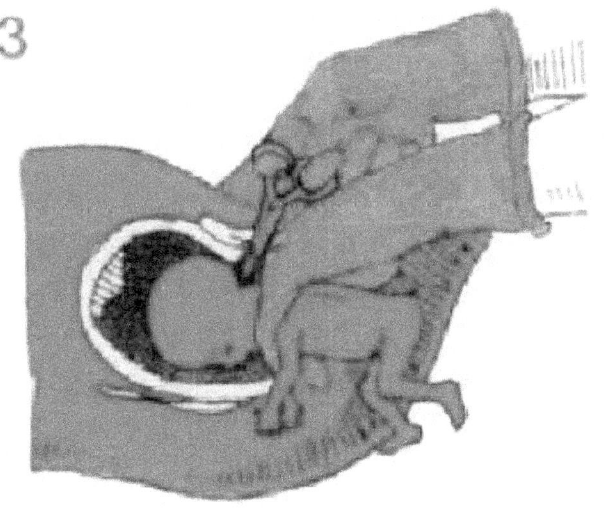

Puis pendant que la tête est encore en dedans, le médecin lui pique le cou avec des ciseaux.

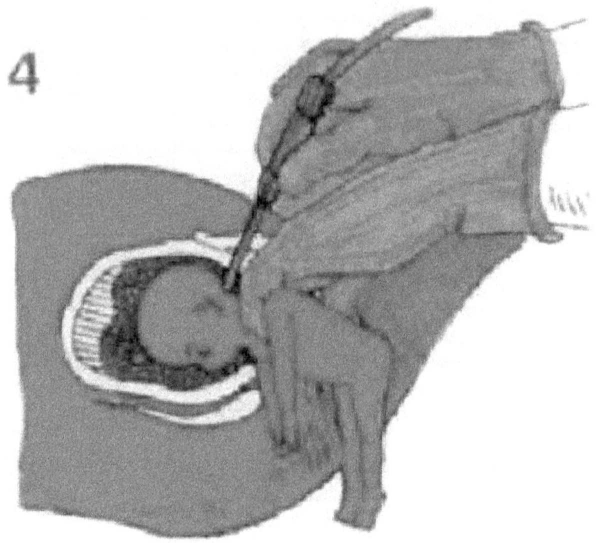

Le crime est accompli quand le médecin utilise un cathéter pour ponctionner le cerveau du bébé. Pendant toute la procédure le bébé a des soubresauts futiles en essayant de se défendre.

**Avortement par « D et E »**

Cette méthode la plus choquante de toutes. Elle est aussi connue sous le nom « Naissance Partielle et Avortement » Cela est fait à la veille de la naissance du bébé.

Après que l'utérus se soit dilaté pendant 3 jours, le médecin utilise un forceps pour prendre le bébé par les pieds, puis tirer le reste du corps jusqu'à la tête, comme pour l'accouchement naturel. Ensuite il ouvre la tête avec des ciseaux, pose un cathéter et aspire le cerveau. Puis le reste du corps est retiré ainsi que le placenta.

## Avortement par Césarienne

Cette méthode est la même que la naissance par césarienne jusqu'à ce que le cordon ombilical est coupé. La différence est que l'on laisse le bébé mourir au lieu de s'en occuper. L'idée ici n'est pas de sauver le bébé mais de le laisser mourir.

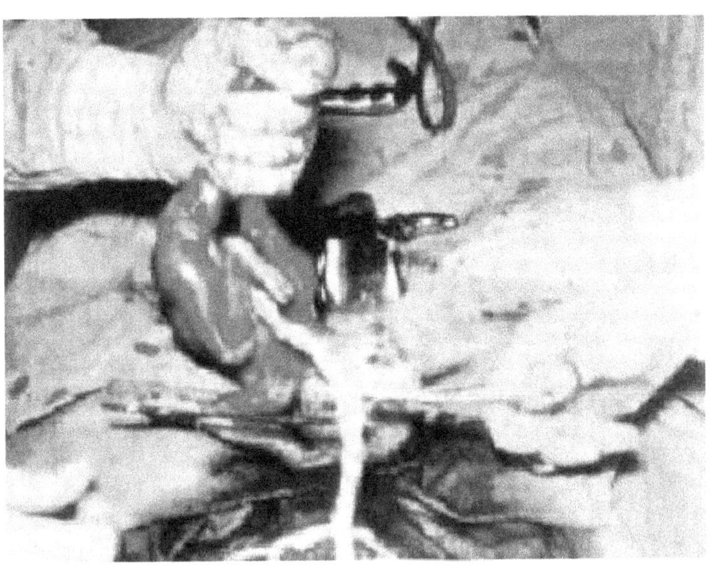

## Avortement avec Prostaglandin

L'utilisation du produit Prostaglandin a pour impact de déclancher un accouchement à n'importe quel stade de la grossesse. Il est utilisé à la mi-grossesse ou plus tard. Le problème c'est que parfois le bébé est encore vivant quand il vient au monde malgré le produit, et il a de sérieux effets secondaires sur la mère. Le produit Postaglandin a été utilisé en combinaison avec la pilule RU 486 pour augmenter son "efficacité ».

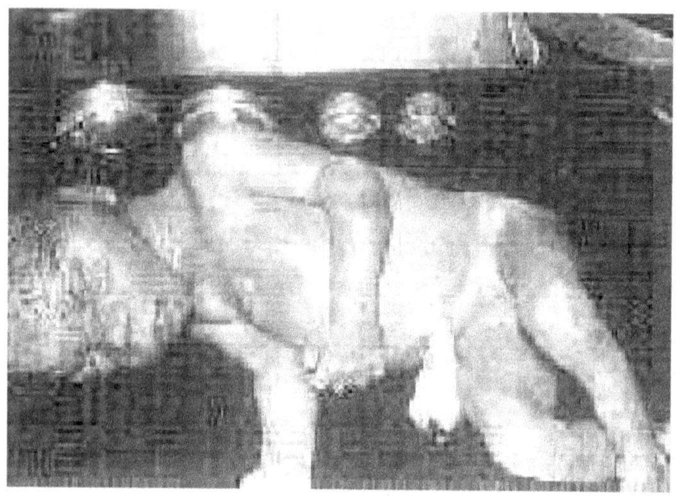

**RU 486**

Ceci est utilisé avec le produit prostaglandin. Il est efficace  s'il est utilisé entre la première et la troisième semaine que la femme n'a pas e uses menstruations. Ce produit prive le bébé d'un élément vital: l'hormone progestérone.  Donc après plusieurs jours de contractions le bébé est avorté.

**Qu'arrive-t-il aux fœtus avortés?**

Dans plusieurs pays les fœtus sont en demande. Ils seront utilisés pour expérimentation ou vendus à l'industrie cosmétique pour le collagène, pour certains l'avortement est une affaire juteuse.

C'est ce qui est connu sous le terme « la complicité ». Ces compagnies utilisent les fœtus tout en sachant que ces corps sont des bébés avortés.

Imaginez que votre progéniture devienne une crème faciale ou un savon ou n'importe quel item de soins corporels.

Ceci est la même méthode et la même chair que les Nazis de la seconde guerre mondiale ont utilisées quand ils ont tué les Juifs, ils en ont produit du savon, des onguents et autres choses.

De nos jours le monde demande justice à ce barbarisme mais qui demande des comptes au barbarisme caché, qui est celui du meurtre des bébés dont les corps servent les mêmes buts.

La loi est dure dans certains pays comme aux États – Unis d'Amérique pour les homicides et autres délits majeurs qui les condamnent à mort (comme par exemple la chaise électrique, la chambre à gaz, l'injection mortelle) mais qui inflige les condamnations d'une telle sévérité aux avorteurs?

Le problème est que, ce que Dieu a appelé le mal, l'être humain pense que c'est le bien et ce que Dieu considère comme anormal, l'homme le trouve normal. Et ce qui est la vie pour Dieu est la mort pour l'homme.

Récemment un programme de télévision appelé Al Rojo Vivo [Le Rouge Vif ], présenté par l'un des réseaux télévisuels hispaniques, a montré qu'au Moyen-Orient dans des banquets de riches, on servait comme plat principal des bébés récemment avortés.

Cela a l'air fou mais c'est la réalité. Le cannibalisme a toujours existé mais dans ce cas, cela est devenu une moquerie vis-à-vis de toute la race humaine, surtout de ces parents et médecins qui le permettent. Jusqu'où peut aller un esprit si arrogant et si dépravé ?

## Torture d'une mémoire

Ce genre de barbarisme ne se trouve pas seulement à Brooklyn ou autre lieu similaire ailleurs, il se passe partout dans les cliniques légales et illégales à travers le monde.

Cela arrive plus qu'on le croit, mais il y a un trop grand nombre de bébé que l'on jette aux poubelles et pour une femme subissant un avortement, cela est une torture que cette d'avoir vu son enfant déchiqueté.

Je suis conscient du fait que le texte et les images ici sont choquants. Mais cela est la meilleure façon de révéler la vérité sur l'avortement, puisque plusieurs personnes qui optent pour l'avortement sont les mêmes. Comme cela a été indiqué, quelquefois un couple aspirant à l'avortement pense que le foetus n'est rien d'autre qu'un muscle et de la chair mais il n'est pas conscient de la souffrance engendrée par l'acte d'avorter ou de la culpabilité qui vient longtemps après que le geste ait été posé.

Parfois le traumatisme est terrifiant. La mémoire de ce qu'aurait pu être cet enfant ne quitte jamais les parents. Le remord est tenace et il peut mener au suicide. Je vous conseillerais de ne pas prendre ce genre de décision extrême, parce que l'espoir du pardon et de réparation est toujours là.

Un certain nombre de femmes et d'hommes, incapables de supporter la souffrance de la culpabilité qui s'est emparé de leurs vies. Dieu pardonne toujours et raye le péché de la mémoire malgré la faute. La miséricorde de Dieu est infinie. Ce qui est important est que la faute ne se répète pas.

Ce qui est demandé est la décision de ne plus jamais refaire la même erreur comme celles qui ont témoigné au chapitre 4: « Plus jamais ».

N'importe qui peut se renseigner auprès d'un médecin ou d'un pédiatre ou d'une sage – femme sur la vie qui est créée à partir de la conception.

Il y a la possibilité que le concept puisse être compris en reconnaissant qu'à partir du moment où une femme tombe enceinte, qu'elle donne la vie à un autre être humain comme elle-même. Autrement dit, elle est la vie qui donne la vie.

D'une part, il est excitant d'avoir un tel rôle direct dans un évènement si sublime. Dieu donne ce privilège aux êtres humains et aux animaux. D'autre part, cela peut résulter en une grande déception qui peut traumatiser ceux qui y sont impliqués, que ce soit un homme ou une femme, à cause de sa propre chair et son sang et les responsabilités qui y sont rattachées.

Telles sont les raisons principales qui poussent quelqu'un avec une grossesse non désirée, devrait être calme et ne devrait pas prendre une mauvaise décision rapide. Il est important d'y penser, d'aller chercher des conseils spirituels et psychologiques pour que cela soit résolu de manière adéquate.

Il y a toujours une solution, même s'il a des changements et des décisions difficiles à prendre au début. La chose de la plus haute importance est de ne pas détruire la vie d'un enfant. Certainement, le temps passant, il va devenir évident que ce qui paraissait être une malédiction deviendra au contraire une source de bénédiction.

Quant aux risques, ils existeront toujours, car nous savons tous que n'importe quel parent voudrait protéger son enfant du risque de vol, de kidnapping, d'accident, qui lui arracherait la vie. Est-ce qu'ils le laisseraient, cet enfant, être tué ? Même si l'enfant est le fruit d'un viol, la commission d'un crime ne justifie pas la commission d'un autre.

Quelque soient les circonstances, l'avortement est définitivement un meurtre et ceux qui le pratiquent, n'échapperont pas à son souvenir torturé et torturant.

# CHAPITRE 7

## AVORTEMENT, LA BIBLE ET LES CHRÉTIENS

### Avortement parmi les gens de la Bible

Même si le 6ème commandement  « Tu ne tueras point » ne spécifie pas la question sur l'avortement, il le sous-entend.  La Bible déclare dans l'Exode 21 :22-23 :

*Si des hommes se querellent, et qu'ils heurtent une femme enceinte, et la fasse accoucher, sans autre accident, ils seront punis d'une amende imposée par le mari de la femme, et qu'ils paieront devant les juges. Mais s'il y a un accident, tu donneras vie pour vie.*

Même si le passage précédent ne dit explicitement l'enfant non né, il est compris que le père de l'enfant pénalisera l'agresseur conformément à la perte de son enfant.  Donc implicitement cela veut dire qu'il y a punition pour l'enfant avorté par d'autres.

## Le fait que l'Ancien Testament ne mentionne que rarement l'avortement cela ne veut en aucun cas dire qu'il l'admet

* La vie est considérée comme le plus grand cadeau
* Les enfants sont toujours une bénédiction
* Dieu connaît l'humain depuis qu'il est dans le ventre de sa mère
* La stérilité était considérée comme un malédiction du temps de la Bible
* Le besoin de légiférer sur l'avortement ne s'est pas fait sentir parce que sa    pratique n'était pas commune.

### Le point de vue du Nouveau Testament sur l'avortement et l'infanticide

L'espoir d'un croyant n'englobe pas seulement sa longue vie sur terre mais aussi sa réconciliation avec Dieu.  Ne pas avoir d'enfant sera toujours une malédiction.

Notre Seigneur Jésus Christ parle à ceux qui embrassent l'abstinence « pour le Royaume des Cieux ». (Mathieu 19 :12).

L'Apôtre Paul reconnaît que c'est bien de se marier mais que c'est aussi bien de rester célibataire comme il l'a fait. (Les Corinthiens 7 :7-9).

En face de la société païenne qui acceptait et pratiquait l'avortement et l'infanticide de manière continue, les premiers Chrétiens ont favorisé la vie et ont pris la position de défense et de respect des femmes enceintes ainsi que de leurs bébés.

En accord avec les lois Romaines, le père a une autorité absolue sur sa progéniture, non seulement avait-il le droit de tuer le fœtus dans le ventre de sa mère s'il le désirait mais il avait le droit de tuer un nouveau-né s'il ne lui plaisait pas.

Pour les Grecs, puisque tout le monde devait agir pour le bien de la société, ils ont accepté l'avortement et l'infanticide comme méthode de régulation de la surpopulation.

Hippocrate, le père de la médecine rejette l'avortement de son serment.

« Pareillement, je ne donnerais pas une médecine abortive à une femme. Je protègerais ma vie et mon art dans la pureté et la sainteté ».

Version classique du texte, traduction du Grec, et interprétation de Ludwig Edelstein

Baltimore : Presse John Hopkins, 1943.

Le serment d'Hippocrate est le premier de l'histoire. Écrit pendant l'antiquité, ses principes sont sacrés pour les médecins jusqu'à nos jours : traiter le malade au mieux de nos connaissances, avec toutes les habiletés, préserver la confidentialité, enseigner les secrets de la médecine à la génération prochaine et ainsi de suite. Aujourd'hui la plupart des finissants des écoles de médecine jurent fidélité au serment, une version modernisée. Indubitablement le serment est prêté de plus en plus car de 24% en 1928 il est passé à

100% maintenant des écoles aux États – Unis d'Amérique.

Par ailleurs, Mathieu, l'Évangéliste se réfère à l'infanticide commis par Hérode, un acte horrible relié à la prophétie du Prophète Jérémie :

*Ainsi parle l'Éternel : On entend des cris à Rama, Des lamentations, des larmes amères ; Rachel pleure ses enfants ; Elle refuse d'être consolé sur ses enfants, Car ils ne sont plus.* (Mathieu 2 :18 ; Jérémie 31 :15)

L'enseignement de Jésus note que :

- Le Royaume de Dieu appartient aux enfants
- Les Mystères sont cachés aux sages et prudents mais ils sont révélés aux enfants
- Il a les louanges sortant de la bouche des bébés et des nourrissons

Qui plus est « comme vous l'avez fait au plus faible d'entre eux, vous l'avez fait pour moi ». (Mathieu 25 :40). Si la providence divine est si méticuleuse, comment est-ce que l'avortement peut, ne pas offenser le Créateur de la vie !

Le Christ a mis l'emphase sur les enfants et cela dévoile son zèle ainsi que l'importance qu'Il a donnée aux plus petits. Donc, nous pouvons conclure que l'avortement n'était pas une alternative viable pour Lui.

Examinons maintenant l'opinion des philosophes et des Chrétiens éminents :

Philo d'Alexandrie (13 AC –54) a déclaré ouvertement son opposition à la pratique de l'avortement et à l'infanticide en disant : « Si une femme a des douleurs pendant son travail d'accouchement au risque de sa vie, il est permis de tuer le bébé à l'intérieur de son utérus, l'extraire pour sauver la vie de la mère qui est prioritaire, mais si l'enfant est né une vie ne peut lui être prise pour une autre ».

Flavio Josefo (37-100) a mentionné que : « La loi prévoit que tous les enfants recevront une éducation et interdit l'avortement, une femme sera coupable si elle le fait car elle détruit une âme ». (Josefo contre Apion II 202).

Tertullian (155-202) affirmait : « Pour nous, parce l'homicide est interdit, il est illégal de détruire le fœtus. Qui empêche sa naissance est un homicide et il n'y a aucune différence entre prendre une vie qui vient de naître ou qui va bientôt l'être car ce dernier est un homme ». (Tertullian, Eulogie IX : 8).

Jean Calvin (1509-1564) a déclaré : « Si une femme éjecte un enfant à cause de médicaments pris, elle commet un crime qui est considéré impardonnable : (Calvino, Opéra Quae supersunt omnia, Brunsvvigae 1863-1900, XXII : 495).

Dietrich Bonhoeffer (1906-1945) a dit : « Tuer un embryon est violer le doit Divin à la vie en gestation. Le débat de savoir si cela est déjà une vie ou pas est un simple camouflage, alors que le fait est : Dieu a créé un homme dont la naissance est oblitérée intentionnellement. Ceci n'est rien de plus qu'un meurtre ». (Etica 1968).

Karl Barth (1886-1968) affirmait : « N'importe qui détruit une vie en gestation tue un être humain, il a le culot et le monstrueux désir de disposer arbitrairement de la vie de son prochain, prenant la vie comme si elle lui appartenait, oubliant par là même que Dieu est le seul à qui une vie revient puisque c'est Lui qui l'a donnée ». (Kirchliche Dogmatik 1932-1964 vol. 16).

La majorité des Chrétiens croient que :

- L'embryon humain a une nature spirituelle en plus de son corps physique parce qu'il a été créé par Dieu à son image

- L'embryon humain est humain depuis sa conception donc nous devons respecter la vie car Jésus s'est sacrifié pour elle

- Il existe une vie humaine depuis la conception mais l'embryon développe ses traits propres et personnels puisque sa nature est unique et son être est indivisible

La Bible nous enseigne que même si la vie a d'amères expériences il n'en est pas moins qu'elle peut tourner pour être une bénédiction plus tard.

*« Et nous savons que tout finira par s'arranger pour ceux qui aiment Dieu (Romains 8 :28)*

Les croyances des premiers Chrétiens étaient en phase avec leur foi et la défense de la vie en s'opposant farouchement à l'avortement. Etre contre c'est aider d'une certaine façon ces femmes qui vivent leur grossesse dans la solitude et le non respect d'autrui.

Les pratiques anti-avortement ont aussi leurs côtés positifs:

- Promouvoir une éducation sexuelle meilleure chez les adolescents

- Augmenter la construction de centres qui offrent de l'aide psychologique, spirituelle, légale et financière aux femmes qui en ont besoin

- Faciliter l'adoption d'enfants

- Donner des subsides aux familles qui ont des enfants handicapés.

Ce qui est important, c'est non seulement condamner l'avortement mais encore étendre l'Évangile de Jésus-Christ pour que la triste réalité de l'avortement n'ait plus place dans notre société.

Confirmer la nature anti-Biblique de l'avortement c'est le nombre caché du RU 486. Si nous soustrayons 2 de 8 nous avons 6. Puis si nous ajoutons 2 à 4 nous avons 6. Le résultat est 666 et c'est le nombre Ante -Christ (voir le graphique suivant)

$$\begin{array}{ccc} 4 & 8 & 6 \\ +2 & -2 & \\ \hline 6 & 6 & 6 \end{array}$$

Ceci révèle clairement que l'avortement ou bien n'importe quelle autre méthode utilisée pour prévenir la naissance d'un enfant est contraire aux principes du Christ donc un acte complètement satanique.

## Qu'est -ce que pense Dieu de l'avortement ?

Croyez moi ceux qui sont en faveur de l'avortement ne sont pas informés.

L'avortement est un grand problème pour Dieu qui se fait entendre par sa parole proclamant que la vie de ceux qu'Il a créé lui appartenait à travers les hommes et les femmes qui sont là pour la vie.

Aujourd'hui en entendant Sa voix, en obéissance et en demandant Son inspiration, j'écris sur l'opinion de Dieu.

Chaque personne de toute nation quelle que soit leur religion ou leur culture, sait que l'avortement, c'est se débarrasser de quelqu'un ce qui deviendra un fardeau. Cela ne prend pas en compte que ce qui a été créé dans la matrice est leur semblable, né de leur propre être.

Pendant mes voyages à travers le monde j'ai remarqué que les gens étaient différents d'apparence, grands et petits, blancs, jaunes, noirs avec différentes langues, croyances, coutumes et traditions. Cependant leurs façons de penser, leurs sentiments, leurs buts et leurs luttes sont tout à fait les mêmes, en Amérique, en Europe, en Asie, en Afrique partout ailleurs dans le vaste monde.

Cela veut dire qu'essentiellement les êtres humains sont les mêmes en que concerne leur principale caractéristique à savoir, leur cœur.

A un moment donné Jésus a dit :

*« Ce n'est pas ce qui entre dans la bouche de l'homme qui le souille mais ce qui en sort qui le souille ». (Mathieu 15 :11).*

*« Pour l'abondance du cœur, la bouche parle ». (Mathieu 12 :34).*

Plusieurs fois dans l'Ancien Testament aussi bien que dans le Nouveau Testament, Dieu parle du coeur de l'être humain en se référant à des attitudes résultant de ses intentions.

Sans aucun doute c'est dans le cœur que les bonnes et les mauvaises décisions sont prises. Quand Dieu parle du cœur, ce n'est pas de ses battements musculaires, cette pompe qui permet au sang de circuler dans tout le corps qu'il est question mais de ce centre de l'être humain où ses sentiments, ses désirs, ses intentions et ses motivations palpitent.

Le cœur, celui qui est en relation avec l'esprit et l'intelligence fait en sorte que l'homme ressemble à Dieu. Donc si son cœur est pur, ses intentions le sont aussi. S'il est en amour dans son cœur donc c'est l'amour qui va irradier de lui. Par contre s'il y a de l'égoïsme, des peurs et des préjugés il n'y a que cela qui transparaîtra et éventuellement mènera à la mort, par opposition à la vie.

Dieu a été occupé bien avant la création du monde, à donner la vie aux hommes, qui eux parfois ont été influencés par un seul être appelé le démon et ont commencé à donner la mort. Dieu crée toujours alors que satan détruit et tue.

Je crois fermement que seuls ceux dont la conscience est durcie, feraient un acte si violent et tueraient en sachant qu'ils seraient contre les principes de création de vie de Dieu.

# CHAPITRE 8

## CONSCIENCE ET DÉLIVRANCE

### La Conscience et le petit chien de Martha

Martha a donné un beau petit chien au pasteur de l'église qu'elle fréquentait depuis des années.

Après plusieurs mois, le pasteur a remarqué que le petit chien de Martha jouait, courait, sautait, mangeait et dormait mais n'aboyait jamais. Alors, un dimanche après le service dominical, le pasteur s'est approché de Martha et lui a dit : « Chère, le chien que vous m'avez donné est beau mais j'ai remarqué qu'il n'a jamais aboyé ». « Oh » a dit Martha « je sais ce qu'il a, quand il était plus jeune, il aboyait sans cesse, alors un jour j'en ai eu assez et je l'ai frappé plusieurs fois sur la tête jusqu'à ce qu'il arrête d'aboyer ».

C'est ce beaucoup de gens ont fait à leur conscience, ils lui ont donné un coup ou plusieurs ce qui fait qu'ils ne l'ont plus entendue de nouveau. La conscience est ce que Dieu a placé en l'être humain pour diriger ses actions. Néanmoins plusieurs, désirant vivre comme ils le désiraient, l'ont réduite au silence sans réaliser qu'elle allait parler un jour devant le Créateur.

# La Conscience et la Boite Noire

La conscience est comme la boite noire des avions. C'est une sorte d'ordinateur qui enregistre une interminable cassette tout le long du vol, ainsi que touts les activités du décolage à l'aterrissage jusqu'à ce que les moteurs s'arrêtent. Quelquefois si l'avion a un crach, la première des choses que l'on fait après le sauvetage des passagers, c'est de retrouver la fameuse boite noire. Une fois analysée, la vérité sur les raisons de l'accident est dévoilée. Les témoins et les survivants donnent leurs versions mais ce qui tient et ce qui est pris pour sûr et certain par les enquêteurs, c'est ce qui est révélé par la boite noire.

De la même manière, les consciences de beaucoup de gens vont faire face à Dieu quand elles seront activées. Ils vont se regarder comme sur un écran géant, commettant l'adultère, la fornication, les meurtres, les viols, les avortements etc, etc…et en une tentative désespérée, ils vont essayer de nier qu'ils avaient commis ces péchés. Cependant, leurs consciences les condamneront parce qu'elles ne mentent pas, elles diront la vérité absolue.

Cher lecteur, je voudrais mettre l'emphase sur le fait que ce n'est pas mon intention de vous condamner puisque je n'en ai pas le droit, mais je dois vous dire la vérité au sujet de l'avortement. Je sais que le cri de millions de bébés du ventre de leurs mères, qui ont été détruits, a touché le coeur de Dieu. J'ai tout simplement été appelé pour arrêter cet acte satanique.

Comme Jésus l'a dit : « Le diable est venu pour voler, tuer et détruire ».

## Autres raisons pour lesquelles certains optent pour les avortements

Dans le cas d'animaux, nous savons que la femelle conçoit parce que le mâle y est pour quelque chose. A part Jésus Christ, qui a été concu par le Saint-Esprit, c'est la même chose pour l'être humain, l'homme est pour quelque chose quand une femme tombe enceinte. Ceci est connu comme étant le processus normal, naturel depuis la création. Cependant, certains ont perdu de vue ce principe.

Certains considèrent que ni Dieu ni Jésus ni le Saint-Esprit n'ont quelque chose à voir avec cette question, soit par ignorance soit parce qu'ils ont donné plus d'attention à des doctrines démoniaques et qu'ils ont pris la liberté de dénier la vie ou de la permettre. Il n'y a qu'une vérité : nous avons tous le droit de donner la vie mais pas celui de l'enlever, surtout si c'est un enfant innocent sans défence.

D'autres ignorent les avertissements du jugement dernier et de la condamnation de Dieu alors ils considèrent que les avortements sont des procédés normaux et culturellement acceptables.

De ce point de vue, ceci n'est pas un débat sur les doctrines et les religions. Plusieurs de ces religions jugent que tous les chemins mènent à Dieu et enseignent que Dieu a décidé de ne pas intervenir dans certains aspects du développement de l'humanité. A ceux qui croient cela, je dis qu'ils sont complètement dans l'erreur.

## Dieu Tout-Puissant

Regardons les vertus de Dieu Il est:

**Omniprésent:** Ceci veut dire qu'Il a l'abilité d'être partout dans l'univers, dans toutes les vies simultanément.

**Il sait tout:** Il a aussi l'habileté de tout savoir même les pensées les plus intimes de l'homme partout dans le monde.

**Tout-Puissant:** Il a la toute- puissance et le pouvoir de changer les circonstances, de faire des miracles, parce que grâce à sa puissance, à Sa Parole, Il est le Créateur de l'univers entier et de son contenu, ce qu'aucun être humain ne peut faire.

Celui qui ne reconnait pas la Toute-puissance et tous Ses attributs ne craint pas Dieu. C'est le plus grand problème d'une société désespérée aujourd'hui.

En 1990, en revenant de la ville de Salta après une croisade évangéliste, la voiture dans laquelle je voyageais a eu un bris mécanique. Pendant que nous étions en train de la réparer, une femme s'est approchée et j'ai remarqué qu'elle était une prostituée. Je lui est tout de suite donné un prospectus intitulé « êtes-vous heureuse ? ».

Cette femme a lu quelques lignes et soudainement ses yeux se sont remplis de larmes. En sanglotant elle a demandé « Pensez-vous que Dieu puisse me pardonner ? Savez-vous ce que j'ai fait de terrible ? Savez-vous qui je suis ? »

Je lui ai répondu : « Je ne sais pas qui vous êtes ». « Tout ce que je sais, c'est que le même Dieu qui a pardonné mes péchés, est ce même Dieu qui peut le faire pour vous et avec vous». Nous pouvions tous voir le grand changement et la délivrance qui prenaient place en cette femme. Sa tristesse et son angoisse devenaient paix et bonheur.

J'ai de bonnes nouvelles pour vous. Ce n'est pas important si vos péchés commis contre votre corps sont énormes, combien de doutes vous avez sur votre dignité et sur votre enfant. La parole de Dieu dans les Hébreux 9 :14 mentionne que le sang du Christ, qui a coulé sur la croix, a le pouvoir de nettoyer vos consciences.

Si vous êtes une femme qui a commis le péché d'avorter ou si vous êtes un homme qui a mis enceinte une femme ou vous ave commis d'autres péchés, il y a encore l'espoir d'être en règle avec Dieu. Il vous donnera toujours l'occasion, après le repentir, si vous êtes humble et acceptez le pardon de Dieu.

Certaines femmes sont prises en situation adultère.

L'Évangile de Jean 8 :3-11 en fait mention :

*« Puis les scribes et les Pharisiens Lui amenèrent une femme prise en adultère.*

*Et il l'ont mise en situation de jugement en pleurs, ils lui ont dit : « Maître, cette femme a été surprise en adultère, en flagrant délit.*

*Moïse, par la loi, nous a commandé de la lapider.*

*Mais que dîtes-Vous ? »*

*C'est ce qu'ils ont dit en Le testant, puisqu'ils avaient quelque chose à Lui reprocher.*

*Mais Jésus s'arrêta et écrivit avec son doigt par terre,*

*Comme s'il n'avait pas entendu donc ils ont continué à le questionner, il s'est relevé et leur a dit, « Celui d'entre vous qui n'a commis aucun péché lui lancera la pierre en premier ».*

*Puis il s'est remis à écrire par terre.*

*Alors ceux qui l'ont entendu, mûs par leurs consciences partirent un par un*

*En commençant même par le plus vieux jusqu'au dernier.*

*Puis Jésus a été laissé seul avec la femme..*

*Quand Jésus s'est relevé et a vu que la femme, il lui a dit, « Femme où sont vos accusateurs ? Personne ne vous a condamnée ? »*

*Elle a répondu : « Personne Seigneur »>*
*Et Jésus lui a dit.*

La Loi Juive dit que si une femme était prise en situation adultère, elle serait lapidée. Comme les hommes la pourchassaient, elle courut voir Jésus qui lui a pardonné et Il lui a demandé de ne plus pécher.

## Quand il y a repentir, il n'y a pas Condamnation

Tant et aussi longtemps qu'il y a repentir, Dieu ne vous condamnera pas, ni ne permettra que la honte vous couvre. Au contraire, le simple fait que vous soyez prêt à accueillir un enfant que vous allez chérir, élever, éduquer sera une bénédiction. Dieu vous récompensera pour cela.

Pour beaucoup de femmes, c'est une disgrâce que de ne pas enfanter. Cela confirme donc, que les circonstances dans lesquelles un enfant est conçu n'ont aucune espèce d'importance puisqu'un enfant en principe fait honneur à ses parents.

Quant à toutes les questions de savoir comment élever un enfant, n'ayez pas peur du changement. Faîtes confiance à Jésus avec tout votre cœur et permettez au Saint-Esprit de toujours vous guider. Avant de tuer votre bébé, il est préférable de lui donner la vie. Si par la suite vous êtes incapable de vous en occuper correctement, donnez le en adoption à des parents qui l'aimeront et lui donneront le meilleur.

Job dans son angoisse a crié :

*« Oh, pourquoi n'ai-je pas été caché comme un enfant mort-né, comme ces enfants qui n'ont jamais vu la lumière ? »*
*Job 3 :16*

Croyez-moi Job savait très bien de quoi il parlait. En ce temps là, des centaines d'années avant Jésus Christ, les vies de ces enfants sans défense étaient détruites au sein de leurs mères.

Je ne pense pas que cela vaille la peine de chercher à savoir depuis combien de temps durent ces pratiques, mais notez que Job en fait mention des centaines d'années avant que Jésus-Christ en parle, ce qui nous amène à croire que cela exitait depuis des temps anciens.

Job passait vivait des temps difficiles et il sentait qu'il aurait mieux fait de ne pas venir au monde comme ces morts-nés ou ceux qui n'ont jamais vu la lumière. A certains moments Job a maudit son jour de naissance (Job 3 :1-3).

Au delà de tout doute, Job était désespéré vues les circonstances cruelles de sa vie et qu'il croyait dûes à une malédiction. Donc la meilleur solution aurait été pour lui qu'il ne soit jamais venu au monde soit parce que mort-né ou avorté.

Job n'avait pas réalisé qu'il faisait partie du plan de Dieu pour lequel il a été choisi. Dieu avait un but pour lui bien avant qu'il ne soit même conçu. Dieu dans son éternité sait tout du présent et du futur et a déterminé qu'il ne serait pas avorté. (Éphisiens 1 :3-6).

Chers amis, l'avortement n'amène que malédiction.

C'est une malédiction non seulement à cause de l'effet désastreux de la mort mais cela a des conséquences sur le restant de vos jours. Cela amène un horrible fardeau de culpabilité en l'occurrence le fait d'avoir tué quelqu'un sans défense et sans aucune raison. Rappelez vous, Dieu a maudit la terre après que la mort soit venue. (Genèse 3 :17 {b}).

## Création de Dieu

Notez que Job aussi a dit « un enfant mort-né, comme ces enfants qui n'ont jamais vu la lumière » (Job 3 :16). Sans aucun doute, avec cette affirmation il reconnait que le mort-né est un enfant, une création de Dieu. Autrement dit, c'est un être qui a été créé avec un esprit, une âme et un corps.

Ce corps a un esprit parce que sans lui, il n'aurait pas de vie. A partir de l'instant où il a commencé sa gestation dans l'utérus de sa mère il a déjà une vie. L'esprit sera le premier à naître, puis le corps prend forme alors que l'âme commence à lui donner des sentiments.

Notez ce qui suit, ceci a été tiré des Saintes Écritures dans la Genèse 2 :7 :

*« Puis le Seigneur Dieu donna forme à l'homme avec de la terre, et il souffla dans ses narines le souffle de la vie ; et l'homme devint un être vivant. »*

Même si Dieu créa le premier homme et la première femme de ses propres mains, il est primordial de comprendre que nous tous qui avons suivi, sommes aussi sa Création. Pendant que la conception arrive quand un homme et une femme se réunissent, le souffle de la vie ou l'Esprit vient de Dieu.

Job 32 :8 dit :

*« Mais il y a un esprit en l'homme et le souffle du Tout-Puissant lui donne la compréhension ».*

Le Psaume 139 :13-16 [NVI] déclare:

*« Car vous avez formé les parties internes, Vous m'avez couvert dans l'utérus de ma mère Je vous louangerai car je suis parfaitement et extraordinairement fait; Votre travail est merveilleux»*

Dans le livre du Prophète Jérémie, nous pouvons voir une profonde révélation dénotant que chaque être créé, a eu la vie avant même qu'il ne soit conçu. Dieu dit dans Jérémie 1:5:

*« Avant que je ne te forme dans l'utérus Je te connaissais,»*

Le passage révèle que c'est Dieu qui envoie chaque être humain dans ce monde.

Cela veut donc dire que les enfants Lui appartiennent et qu'Il les envoie comme une bénédiction au monde. Par conséquent, la culpabilité et l'imputabilité devant Dieu sont plus grandes puisque avec l'avortemnt, nous détruisons la vie de quelqu'un que Dieu nous a envoyé pour protéger, élever, éduquer. Nous pouvons clairement conclure que l'avortement rejette le don de Dieu.

## Nous devons admiration Créateur de l'être

Quand un bébé naît, une multitude d'anges l'entourent puisque c'est un merveilleux travail de Dieu. Ses os, chair, muscles, mains, jambes, bouche et oreilles ainsi que tous les autres organes sont parfaits. Tous les jours de sa vie sont déjà planifiés par Dieu mais cela ne veut pas dire que Dieu nous a faits robots, Il nous a donné le droit de choisir. Dieu sait tous des moindres pas de Ses enfants. Et tout ce qui arrive à nos vies c'est parce qu'Il le permet.

Certainement tout un chacun est une création de Dieu. Ce n'est absolument pas vrai que la vie a été formée à partir d'un atome ou d'un singe. Croyez-moi les singes n'engendrent que des singes comme les girafes n'engendrent que des girafes et ainsi de suite.

Cette façon erronnée de penser a trompé beaucoup de gens et ont fait de Dieu un menteur en tournant le dos au Créateur. Le passage du livre des Psaumes mentinné plus tôt affirme que l'être à l'intérieur de la mère est formé par les mains de Dieu et cette création est la plus merveilleuse d'entre toutes. Cela veut aussi dire que chaque être humain est précieux et a de la valeur. Rien n'a plus de valeur pour Dieu que ces êtres qu'Il a créés.

Nous pouvons aussi avancer que comme Dieu est Omniprésent, Ses Yeux sont, depuis le moment de la création, sur chaque homme et chaque femme ainsi que sur leur cheminement respectif. Et finalement, il reconnait que la vie d'un être humain, de sa conception à sa mort, est écrite dans Son livre. Donc la vie de l'homme a été établie par Dieu.

Au Psaume 127 :3-5 nous lisons :

*Voici, des fils sont un héritage de l'Éternel,
Le fruit des entrailles est une récompense.*

*Comme les flèches dans la main d'un guerrier, Ainsi sont les fils de la jeunesse.*

*Heureux l'homme qui en a rempli son carquois ! Ils ne seront pas confus, Quand ils parleront avec des ennemis à la porte*

Un fils ou une fille est une bénédiction---nous ne devrions pas avoir peur de les faire venir au monde. Dieu a promis de les protéger, Il ne permettrait jamais à un père ou à une mère, marié ou pas, d'avoir honte de leur progéniture. Au contraire ces gens seraient honorés par Dieu. Pour ce qui est de l'esprit, le souffle de Dieu lui donne la compréhension et la connaissance. S'il y a de la compréhension il y a des sentiments !

Quand un homme et une femme décident d'avorter ils annulent et disposent de l'enfant créé, qui a reçu un esprit appartenant à Dieu puisque venant de Lui. Quant aux sentiments de cette créature, ils sont exactement les mêmes que ceux d'un être humain. Même le corps, que vous essayez d'oblitérer et de détruire, pas encore formé parfois, sent la même souffrance que n'importe quel humain ressentirait, par exemple quand un couteau lui est enfoncé dans le corps ou une balle le pénètrerait ou une partie de son corps est coupée.

## Les malédictions sont les résultats de l'intention d'avorter

La première malédiction qui est amenée, c'est le fardeau de remords causé par le cri que l'être pousse quand il est détruit. Juste penser à ce que cet être aurait pu devenir dans la société, ou qu'il aurait pu sauver des millions de gens de la misère, peut engendrer beaucoup de remors. J'ai connu des cas qui ont enduré, à cause de l'avortement, plus tard des souffrances de la maladie, des pertes financières, de familles détruites, des disputes ou des persécussions.

D'autres conséquences sont celles des infections post-avortement, certaines peuvent amener la stérélité et la mort. L'utilisation d'instruments non stérilisés qui infectent du Sida. L'avortement engendre aussi le manque de la paix de l'âme car le diable est très actif dans ces cas de figure. A certaines occasions, pendant des heures nous avons essayé de délivrer une femme opprimée par le démon, mais sans succès. Puis j'ai perçu quelque chose de caché en elle, relié à son passé. J'ai posé la question de savoir si elle avait subi un avortement, ce qui fut une réponse positive. Après confession et repentir devant Dieu, elle a été délivrée des démons qui la possédaient et sa vie s'en est trouvée toute changée. Ce qui veut dire que si vous avez des problèmes dans votre vie actuelle il faudrait aller dans votre passé pour trouver la raison et par la même la solution, surtout si vous aviez eu recours à l'avortement.

## Avortement délibéré et conséquences physiques

N'importe quel professionnel de la santé connaît les risques qu'une mère prend en se faisant avorter délibérément.

Ceci est la principale cause de décès en Argentine. Même si nous en avons déjà parlé je reviens amplement sur les grands risques courus par ces femmes qui décident d'avorter. Cela peut aller des infections qui envahissent le corps complètement, du cancer et de la mort. Comme nous l'avons vu dans un chapitre précédent, en entrant brutalement des objets coupants dans le corps, il y a pénétration de germes causant des infections, des blessures qui font mal et qui peuvent engendrer des maladies dangereuses pas seulement pour le physique mais pour le spirituel et l'émotionnel.

Cela n'affectera pas seulement les coupables mais ceux qui les entourent. C'est comme une personne handicapée, son entourage aussi devient handicapé dans plusieurs aspects de leurs vies. Le monde continue de souffir à cause des lourds fardeaux des malédictions qui n'ont pour nom que le péché.

Pour toutes ces raisons et bien d'autres et surtout à cause du péché de tuer, s'il vous plait dîtes  non à l'avortement car c'est complètement un acte satanique. Si vous êtes en train d'y penser ou que l'avez déjà fait ceci est un péché. Mais j'ai une bonne nouvelle pour vous, quelque soit votre péché, comme la dame que j'ai déjà citée, qui n'arrivait pas à croire qu'elle sera sauvée par le pardon de Dieu, Le Fils de Dieu Jésus-Christ a donné sa vie sur la croix pour nous sauver de toute condamnation.

Isaïe 53 :5 (NVI) dit :

*Mais il était blessé pour nos péchés, Brisé pour nos iniquités ; Le châtiment qui nous donne la paix est tombé sur lui, Et c'est par ses meurtrissures que nous sommes guéris.*

Jésus-Christ a été battu, torturé pour nos rébellions mais il s'est sacrifié par amour pour la Création du Père. Même si nous sommes perdus nous faisons partie de Sa Création. La rébellion et le péché nous séparent de Dieu. Il est fâché contre les pécheurs et les rebels.

Cependant Isaïe dit  [NVI] 55 :6-7:

*Cherchez l'Éternel pendant qu'il se trouve ; Invoquez-le, tandis qu'il est près. Que le méchant abandonne sa voie, Et l'homme d'iniquité ses pensées ; Qu'il retourne à l'Éternel, qui aura pitié de lui, A notre Dieu, qui ne se lasse pas de pardonner.*

L'avortement et la rébellion sont des actes de perversion. Si une personne persiste dans ses péchés, elle court le risque de perdre Dieu et de ne plus Le retrouver. Alors ne manquez pas l'opportunité de

renouer avec Dieu, aujourd'hui est un jour pour être
sauvé.

La Bible dans les Romains dit 6 :23 :

*Car le salaire du péché, c'est la mort ; mais
le don gratuit de Dieu, c'est la vie éternelle
en Jésus Christ notre Seigneur.*

Est-ce que cela a du sens d'avoir à trainer le
fardeau de péchés toute une vie avec l'attente d'un
horrible jugement ? Quel sens cela a-t-il de perdre sa
vie alors que Dieu nous donne l'opportunité de nous
réconcilier avec Lui et avec nous-même pour recevoir
la vie éternelle.

Le jour du Jugement dernier va arriver et nous
serons envoyés en enfer si nous ne nous repentons pas
avant. Le bébé que vous avez avorté et détruit sera fort
probablement là lui aussi, puisque l'homme peut tuer
un corps mais pas son âme, donc cette âme qui s'élèvera
glorieusement vous condamnera.

Il est temps de vous repentir et de recevoir le
pardon. Tout ce que vous avez à faire est prier ce qui
veut simplement dire que vous allez avoir une
conversation avec Dieu.

Priez comme suit :

*« Seigneur, je reconnais que je suis un
pécheur et je me repentis pour tous mes
péchés Amen.»*

Je vous invite à visiter l'église la plus proche de
chez vous. Priez et demandez à l'Esprit -Saint de vous
guider vers une congrégation qui répondra à vos

besoins.   Que Dieu vous bénisse énormément et
abondamment.

MIGUEL ANGEL KIRCOS

# APPENDICE

## « J'AI PRATIQUÉ CINQ MILLE AVORTEMENTS »

### Du Dr. Bernard N. Nathanson

Nous étions un groupe dont le seul but était de voir qu'une loi avait été passée, aux

Etats-Unis d'Amérique, qui nous permettrait de pratiquer les avortements. Nous avions mis de la pression sur les membres du Congrès, sur le pouvoir législatif pour qu'il révise les lois qui avaient banni l'avortement. J'étais l'un des fondateurs de la plus grande organisation qui a « vendu » le concept de l'avortement aux Américains.

Quand nous avions organisé le mouvement en 1968, il était estimé que moins de la moitié de la population des Etats-Unis d'Amérique avaient alors recours à l'avortement sur demande. Notre budget annuel de l'époque était de $7,500.00 mais en 1982 il avoisinait le million de dollars.

Laissez-moi vous expliquer comment nous avions essayé de convaincre les Américains d'accepter l'avortement. Les tactiques que nous avons utilisées sont les mêmes que celles que celles d'autres pays. Notre stratégie était basée sur deux mensonges :

## La fausseté des statistiques

Le sondage que nous avions supposément fait auparavant ainsi que le choix du bouc - émissaire qui devrait être blâmé d'avoir aboli l'avortement aux Etats-Unis d'Amérique, en l'occurrence c'était l'Église Catholique ou plutôt sa hiérarchie- évêques et cardinaux.

## Le truquage des statistiques

Cela a été une tactique très importante. En 1968, nous avions dit qu'il y avait un million d'avortement qui avaient été pratiqués aux Etats-Unis d'Amérique alors que nous savions que la réalité était proche de cent mille seulement. Mais ce dernier chiffre était trop petit alors nous l'avions simplement multiplié par dix. Nous avions aussi répété constamment que les morts des mères pendant les avortements illégaux atteignaient le nombre de dix mille alors que là aussi nous savions parfaitement qu'elles n'étaient que deux cent. Si le mensonge était assez répété il devient la vérité. Nous avions planifié l'acceptation des mass média en convainquant les étudiants universitaires surtout les féministes. Elles ont pris tout ce qu'on leur racontait y compris les mensonges et elles

ont répandu notre propagande aux mass média. Ces derniers ont été d'une importance vitale. Si les média en Espagne n'étaient pas prêts pour la vérité donc on faisait face à la même situation que nous avions créée aux Etats-Unis d'Amérique.

Nous avions aussi fabriqué nos propres sondages. Nous disions, par exemple, que nous avions conduit un sondage pendant lequel 25% de la population approuvaient l'avortement, puis trois mois plus tard nous disions que le pourcentage avait grimpé à 50% et ainsi de suite. Le peuple Américain y a cru et comme ils ne voulaient paraître « vieux jeu », ils rejoignaient « la majorité » de ces « avant-gardistes » et donc ils ne seraient pas « arriérés ».

Plus tard, nous avions des véritables sondages et nous avions vu que petit à petit, les résultats approchaient ce que nous avions inventé. Il faudrait donc faire attention avec les statistiques sur l'avortement parce que les chiffres pourraient être tirés vers le haut. Ils ont en tous cas le pouvoir de convaincre les juges, les législateurs parce que comme tout le reste de l'opinion publique, ils lisent les journaux et écoutent la radio ou la télévision, et les prennent en considération.

## L'Église Catholique choisie pour être le bouc émissaire

Une des meilleures stratégies que nous avions utilisée en ce temps là fut ce nous avions appelé « l'Étiquette Catholique ».

En 1966, la guerre du Viet - Nam était impopulaire mais l'Église Catholique aux Etats-Unis d'Amérique l'a supportée. Ce fut à ce moment là que nous l'avions choisie pour être notre bouc émissaire et nous avions essayé de la relier à d'autres mouvements

« réactionnaires » incluant les anti-avortements. Pour cela, nous avions choisi les jeunes et les Églises Protestantes qui ont toujours suspecté que l'Église Catholique d'être contre eux. Nous avions réussi à convaincre les gens que l'Église Catholique était responsable du fait que la loi pro choix n'était pas promulguée. Puisqu'il était important de ne pas créer d'antagonisme entre les gens de différente confession, nous avions visé la hiérarchie Catholique –les évêques et les cardinaux- comme étant les « mauvais gars ». Les Catholiques qui ont rejeté l'avortement ont été accusé d'avoir subi des « lavages de cerveau » par la hiérarchie et ceux qui l'avaient accepté ont été considéré comme « moderne s», « progressistes », « libéraux » et « éclairés ». Je peux vous assurer que le problème de l'avortement n'est pas une question confessionnelle. L'Église Catholique n'est pas la seule institution religieuse qui est contre. Je n'appartiens à aucune confession n'empêche que je suis contre l'avortement et je le dénonce. Mais la stratégie était tellement efficace qu'actuellement d'autres pays l'utilisent.

Une autre tactique que nous avions utilisée contre l'Église Catholique, était d'accuser les prêtres, chaque fois qu'ils prenaient part aux débats publics, « de s'impliquer en politique » et leur position était « inconstitutionnelle ». Le peuple l'a tout de suite cru même si c'était tout simplement fallacieux.

## Depuis 1971 j'ai géré la plus grande clinique d'avortement au Monde

Cela s'appelait le Centre pour une Santé Sexuelle (CRANCH), situé dans l'est de la ville de New - York. J'ai dirigé 10 salles d'opération et 35 médecins. Quand j'ai pris la clinique en charge tout était sale et horriblement pas hygiénique. Les docteurs ne se lavaient pas les mains entre deux avortements. Certains avortements ont été faits par des infirmières ou de simples garçons de salle. J'ai réussi à changer tout cela et à transformer la clinique en un « modèle » dans le genre.

Nous avions pratiqué 120 avortements par jour incluant dimanche. Le seul jour où nous n'en faisions pas, était le jour de Noël. En tant que chef de département, je dois avouer que 60,000 avortements ont été faits sous ma direction et que j'en ai fat personnellement 5,000.

Je me souviens qu'à une fête au bureau, certaines des épouses de médecins m'ont dit que leur mari faisait des cauchemars et qu'il hurlait quand il se remémorait le sang et les corps de fœtus mélangés. D'autres buvaient trop ou se droguaient. D'autres ont eu à suivre des traitements psychiatriques. Un certain nombre d'infirmières sont devenus alcooliques, d'autres ont quitté la clinique en larmes. Pour moi, ce fut une expérience qui a bouleversé ma vie.

En septembre 1972, j'ai démissionné parce que j'ai senti que mon but d'avoir une clinique en ordre, avait été atteint. Franchement, je n'avais pas quitté la clinique parce que j'étais contre l'avortement mais parce que j'avais d'autres choses à accomplir. J'ai été nommé Directeur du Département Obstétrique de l'hôpital Saint Luc à New York  où j'ai commencé à installer un laboratoire du fœtus. C'est en examinant le fœtus dans l'utérus de sa mère que j'ai été en mesure de reconnaître qu'il était un être humain avec tous ses traits et qu'il devait avoir tous les privilèges qui sont donnés à tout citoyen.

## La conclusion que j'ai tirée de l'étude du fœtus vivant à l'intérieur de l'utérus

Vous pourriez penser qu'en tant que docteur et gynécologue, je devrais savoir, sans l'examiner que le fœtus est un être humain.  Je ne le savais essentiellement pas mais je n'avais pas vérifié scientifiquement moi-même non plus.  Les nouveaux outils de diagnostic nous ont donné la possibilité de reconnaître sa forme humaine et non pas le considérer comme un morceau de chair.  Avec les techniques médicales d'aujourd'hui, plusieurs maladies fœtales peuvent être traitées dans l'utérus de leur mère, et il existe même 50 types d'interventions chirurgicales qui peuvent être pratiquées.  Ce sont les arguments scientifiques qui ont changé ma façon de penser. Imaginez : si le fœtus est un patient qui peut être traité, donc c'est une personne et il a droit à la vie et c'est à nous de la protéger cette vie.

## Les cas de viol, d'anormalité et la santé de la mère

Le viol est une situation très pénible. Heureusement, seulement quelques viols ont eu pour conséquence une grossesse. Et même si cela est, le viol, qui est un acte d'une indicible violence, ne devrait pas être suivi d'un autre acte tout aussi violent, à savoir la destruction d'un être vivant. Il n'y a pas de logique à couvrir un acte d'une horrible violence par un autre tout aussi violent. Cela est absurde et ne fait qu'augmenter le traumatisme de la mère en détruisant une vie innocente. Cette vie a une valeur en elle-même même si elle est venue par des circonstances atroces néanmoins ces horribles circonstances ne justifient pas sa destruction. La plupart d'entre nous qui sommes vivants maintenant avons été conçus dans des circonstances qui étaient loin d'être idéales, peut-être sans amour ni chaleur humaine mais cela ne nous diminue pas encore moins d'une catégorie honteuse s'il en est. Donc, se tourner vers l'avortement dans les cas de viol est illogique et inhumain.

Avec les avancées médicales, il n'y a pratiquement pas de cas où la vie de la mère est détruite parce qu'on laisse une grossesse arriver à son terme. Donc ici aussi invoquer l'avortement pour des questions de santé de la mère, est illusoire sinon pas vrai.

Finalement, laissez-moi considérer la question de l'avortement quand le fœtus est né avec des défauts. Ceci est un sujet délicat car cela sous-entend que nous souhaitons une société faite de membres parfaits. Cela est d'autant plus dangereux de partir de ce principe que en tant qu'apprenti – sorciers nous aboutirons à un autre holocauste.

Laissez – moi vous raconter une histoire. Quand j'étais avec mon épouse en Nouvelle – Zélande, nous avons dîné un jour avec Monsieur William Liley, l'un des plus fameux médecins qui s'y connaissent en matière de « fœtus » au monde. Il nous a dit qu'il a eu quatre enfants, adultes déjà, et que le fait d'être seuls, son épouse et lui ont adopté un enfant trisomique et cet enfant handicapé leur a donné plus de satisfactions que ses quatre enfants.

Je peux vous assurer que si ce genre de loi est passé, cela sera abusé et utilisé pour justifier l'avortement dans n'importe quel cas. C'est ce qui s'est passé au Canada. Le médecin signe une requête d'avortement et le monde entier se moque d'eux et de leur loi ridicule. Je pense que quand l'avortement est autorisé, ce qui est permis c'est un acte d'une violence mortelle. Je peux vous assurer que si nous continuons sur notre lancée sanglante, les trois Cavaliers de l'Apocalypse qui sont la délinquance, les drogues et l'euthanasie nous talonneront bientôt comme cela arrive aux États – Unis d'Amérique.

Je voudrai finir avec ces mots : en tant que scientifique, je ne crois pas tout simplement, je sais que la vie commence au moment de la conception et qu'elle devrait être préservée. Si nous négligeons notre dévouement à une si importante cause et échouons, l'histoire ne nous le pardonnera pas.

**Judith Fetrow :**

PPFA volontaire ou escorte [pour les femmes qui viennent aux cliniques d'avortement] aussi bien que les employés ont reçu l'interdiction formelle de ne parler à toute personne des groupes pro – vie Chrétiens.  Cela se faisait comme cela parce bon nombre d'entre eux ont entendu, appris la vérité et ils ont changé de camp.

**Marian Johnston-Loehner :**

Quelqu'un m'a donné un livre écrit par Dr Jean Garton intitulé « Qui a brisé le bébé ? ».  Ce livre a pris tous les euphémismes que j'utilisais depuis des années en tant que défenseur pro – choix et les a détruit un par un.  Je l'ai lu un peu à la fois et je m'endormais en pleurant tous les soirs.  Quand j'ai fini de le lire la malédiction s'est brisée et je me suis repenti.  J'ai fait le deuil de tout ce que j'ai fait et étais vraiment désolé d'avoir pris la vie de ces enfants innocents.  Jusque-là, même après la naissance de mon fils et de ma fille je ne croyais pas que le fœtus était un être humain depuis sa conception.  Je croyais aux mensonges.

**Dina Madsen :**

J'étais assistante de médecin et je ramassais les morceaux coupés de bébés.  Les plaisanteries et les sarcasmes que j'ai entendus en ce temps là n'y sont plus.  Je changeais au point que j'haïssais aller travailler, d'être dans la même salle que ces avorteurs et ces femmes.  Je voulais partir en courant et en hurlant.

**Joy Davis :**

Quand j'étais dans l'industrie de l'avortement, j'ai commencé à faire des cauchemars et à me sentir coupable parce que ce que je faisais était mal. C'est à ce moment que je suis allé parler à un ami, qui ne travaillait pas loin dans une clinique d'avortement. Je lui ai parlé de ce que je ressentais (les cauchemars et la culpabilité). Il comprenais parce qu'il vivait la même chose.

Il y a quatorze ans on m'a offert un travail dans une clinique à Birmingham en Alabama. J'ai considéré l'offre et en admettant que c'était une bonne chose d'aider les femmes dans une juste cause, je pris donc le travail. Pas longtemps après, je découvris que cela n'avait rien à voir avec l'aide aux femmes mais une affaire mercantile.

La clinique où je travaillais n'avait pas beaucoup de moyens. Nous n'avions pas d'équipement de premiers soins, le staff n'avait pas la formation nécessaire ou appropriée, la plupart d'entre eux n'ont pas eu de formation médicale. Il y avait aussi un grand roulement de médecins, ce n'était pas toujours les mêmes.

J'ai rencontré un médecin là, son nom est Tommy Tucker, qui m'a dit qu'il voulait ouvrir sa propre clinique et faire les choses dans les règles de l'art. Il voulait avoir des employés qui avaient une formation adéquate, il voulait aussi utiliser l'anesthésie générale grâce à des anesthésistes, parce que là où je travaillais, les femmes souffraient beaucoup.

J'ai pensé que son offre était une bonne idée et j'ai accepté de travailler avec lui. Je suis devenu directeur régional de six cliniques d'avortement au Mississipi et l'Alabama. Alors là nous avions le meilleur équipement, le staff était bien formé et efficace. Nous mentions aux femmes mais cela était nécessaire pour gagner de l'argent. Nous ne voyions que quelques femmes par jour parce que nous ne voulions pas les traiter comme du bétail. Nous voulions prendre le temps avec elles et leur donner l'attention médicale.

Après quelques mois la cupidité du médecin patron était claire, il pensait qu'il ne faisait pas assez d'argent alors il a mis à pied les anesthésistes parce qu'ils lui coûtaient trop cher et la tâche d'anesthésier les patientes nous est revenue puisque nous avions vu comment cela se faisait pendant quelques mois. L'infirmière de la salle de réveil fut mise à la porte et ce fut la même chose pour le technicien du laboratoire et ainsi de suite.

J'ai commencé à faire des entrevues d'embauche de gens qui n'avaient aucune connaissance médicale pour des postes d'anesthésiste, de technicien de laboratoire, d'infirmière et même de médecin. On prenait des gens sur la rue, leur donnait une formation sommaire et les mettait au travail.

Nous voyions dix femmes par jour à peu près mais ce n'était pas assez mais il n'y avait d'avion pour transporter le médecin d'un endroit à l'autre. Alors il m'a formé pour être un médecin alors que je n'ai jamais mis les pieds en école de médecine. Je savais faire les échographies donc je n'étais qu'un technicien. Donc je n'avais que regardé les médecins travailler pendant des années mais c'était tout.

Donc j'ai commencé à poser toute sorte d'actes médicaux comme les avortements, chirurgies ainsi que d'autres plus compliqués, j'en étais fier parce que je pensais que j'avais fait mieux que tous ces médecins que j'avais regardé faire. Un de mes collègues qui était médecin a eu toutes sortes de problèmes avec ses patientes car il a dû envoyer des patientes à l'hôpital pour différentes complications au moins une fois par mois.

Donc je pensais que allait bien puisque je n'ai jamais eu aucun problème de ce genre, je prenais mon temps et je les traitais avec amour, mais je risquais leur vie par ma négligence. Nous avions vu au-delà d'un millier mais je ne me rappelais ni nom ni visage parce qu'elles n'étaient devenues que des numéros, et je m'y référais qu'en rapport au montant d'argent payé comme par exemple le cas à 400 dollars ou le cas à 5000.00 dollars mais pas en tant qu'être humain.

Un jour une jeune femme est venue pour se faire avorter tard au second trimestre car nous pratiquions des avortements presque jusqu'à la fin de la grossesse. Dr Tucker l'a fait et a quitté juste après avoir fini et la dame était sous anesthésie générale administrée par quelqu'un de non qualifié. Je l'ai conduite à la salle de réveil et j'ai fait ce qu'il fallait selon ce que l'on faisait dans cette clinique, mais elle a commencé à saigner abondamment. Alors je suis allé à la recherche du médecin pour de l'aide mais il m'a dit qu'il était occupé. Il m'a dit de l'emmener à la salle d'examen, de trouver pourquoi elle saignait et d'arrêter l'hémorragie que c'était aussi simple.

J'ai fait tout ce que savais faire mais je n'ai pu arrêter son saignement et j'ai appelé une ambulance pour la conduire à l'hôpital, quand le médecin l'a appris il a annulé l'ambulance parce qu'il estimait qu'il était le médecin et que c'était qui décidait. Il m'a ordonné de la stabiliser. Je n'ai rien pu faire et quand je retourné le voir, il m'a dit d'appeler une ambulance car il avait un avion à prendre. Je réalisais ce jour là ce que je faisais et que ce médecin que j'avais en haute estime n'était en fait un couard puisqu'il a laissé tomber qui avait besoin de lui. L'ambulance est finalement arrivée après vingt minutes et je me suis senti soulagé parce qu'enfin cette femme allait avoir les soins appropriés mais l'hôpital m'a rappelé pour me dire qu'elle était morte.

Mes cauchemars, ma culpabilité ont commencé alors. L'ordre des médecins a demandé un rapport sur l'accident. Le médecin en question en a changé les exactitudes pour éviter les responsabilités, il m'a donné les dossiers et m'a dit d'aller les brûler au sous-sol parce que s'il les donnait à la justice il serait pendu. Mais je ne l'ai pas fait. Je suis aller voir l'Ordre et je leur ai tout raconté mais tout. Mais rien n'a été fait.

Plus tard il est revenu en Alabama et m'a demandé d'aller parler à son staff parce qu'il avait tué un bébé qui est né alors qu'il se préparait à pratiquer un avortement sur la mère. J'y suis allée mais j'ai aussi appelé le Procureur de la République et quand je suis arrivé il était déjà en train d'interroger le staff amis le bébé était introuvable.

Alors je suis allé voir l'Ordre des médecins pour leur demander la raison de leur inaction. Il m'a été répondu que l'avortement était une question politiquement très difficile. Les médias ont eu vent de l'affaire donc cela a forcé l'Ordre à agir. Dr Tucker n'a plus de clinique, ils ont suspendu sa licence de médecin.

Derrière l'avortement il y a l'avidité et non seulement il n'ont rien à faire de la vie du bébé mais aussi celle de la mère.

**Joan Appleton :**

Dans les cliniques d'avortement il n'y a pas de personnel médical, les médecins que nous employions étaient soit nouveaux dans la pratique privée soit qu'ils ne faisaient pas assez d'argent ailleurs alors que leurs assurances en tant que gynécologues et obstétriciens étaient faramineuses.

D'habitude je disais aux femmes de prendre la pilule contraceptive au lieu d'avoir à revenir pour un autre avortement, je leur donnais leur premier paquet gratuitement pour cinq mois avec les directives à suivre. Mais l'industrie pharmaceutique et la PPFA ont contourné le problème en mettant sur le marché des pilules avec un taux de 30% d'échec.

Donc les femmes revenaient plus souvent qu'autrement se faire avorter. Nous n'oublions pas de leur dire de venir nous voir si elles avaient à prendre des antibiotiques car ces derniers annulaient l'effet de la pilule contraceptive.

Nous allions aussi dans les écoles pour montrer aux filles comment avoir une sexualité sans risques. Nous les aidions à nous croire et à avoir confiance en nous puisque nous étions là pour les aider.

L'une des choses qui m'a le plus dérangée quand j'étais infirmière en chef à la clinique, c'était le traumatisme que subissaient les femmes qui se faisaient avorter. Si c'était naturel, correct et normal pourquoi cela était-il si traumatisant ?

Et si j'avais si bien conseillé ces femmes lors de leur prise de décision pourquoi est-ce qu'elles me revenaient des mois ou des années plus - tard dans cet état de délabrement psychologique ?

Nous qui avions appartenu au mouvement « pro - choix » nous avions délibérément ou pas ignoré le syndrome post avortement, même s'il était réel par le fait même du nombre croissant de femmes qui continuaient à nous revenir.

Nous avions aussi procédé à des avortements par échographie pour être sûr que nous avions le bébé entièrement. Le médecin faisait l'avortement et je regardais l'écran pour le guider et je voyais le bébé ouvrir la bouche comme dans la vidéo appelée

« Le Cri Silencieux » que j'ai aussi vue mais je pensais que c'était de la propagande « pro - vie » mais je ne pouvais ignorer ce que je voyais sur l'écran pendant l'acte et j'en tremblais. Nous avions aussi un four crématoire et l'odeur nauséabonde qui s'en dégageait pendant qu'il marchait me dérangeait parce c'étaient les bébés qu'on brûlait.

Nous écrivions tout sur leur dossiers et certaines d'entre elles revenaient souvent, même que certains médecins faisaient des blagues comme « s'ils se dépêchent ils peuvent revenir avant Noël » c'est pour vous dire combien ces médecins faisaient attention aux femmes qu'ils avortaient. Je n'y crois pas.

**Dina Madsen :**

J'étais assistante de médecin et je ramassais les morceaux coupés de bébés. Les plaisanteries et les sarcasmes que j'ai entendus en ce temps là ! Je changeais au point que j'haïssais aller travailler, d'être dans la même salle que ces avorteurs et ces femmes. Je voulais partir en courant et en hurlant.

Je voyais les bébés comme des objets, ma vie n'avait pas de valeur à mes yeux alors comment voulez-vous que la vie des autres en ait eu ? Je pensais comme la majorité de mes collègues que si ces femmes étaient assez stupides pour tomber enceintes c'était de leur propre faute, même celles qui avaient aussi subi des avortements. La moitié d'entre elles l'avaient fait ailleurs et elles encourageaient les femmes à faire confiance aux médecins de la clinique. Je n'avais pas de sympathie et encore moins d'empathie du tout pour elles. C'est pour cela que quand une femme appelait, j'essayais de lui faire sentir que c'était elle qui en avait pris la décision que nous n'étions là que pour le support puisque les femmes en général y aspirent de la part d'autres femmes.

**Luhra Tivis :**

Une dame a appelé la clinique pour des renseignements pour sa fille. Elle m'a aussi demandé s'il n'y avait jamais eu de naissances vivantes, je me suis renseignée auprès de ma hiérarchie et Elena m'a dit que cela n'existait pas dans cette clinique. Plus tard j'ai découvert que ce n'était pas la vérité.

**SOURCE :**

« L'Avortement, la Vérité de l'Intérieur », une vidéo de « La Ligue d'Action Pro – Vie », 1995. Traduits, sous-titrés et annotés par « Vida Humana Internacional » [Vie Humaine Internationale].

**Déclaration d'un Ex - avorteur Hispanophone aux États – Unis d'Amérique**

**Dr José Maria Arrunategui:** Je pratiquais des avortements pendant le premier trimestre d'une grossesse. Mais il est arrivé une fois où la dame en était à sa 10ème ou 13ème semaine, je faisais donc ce que j'avais l'habitude de faire, quelque chose tomba à terre et l'infirmière s'est exclamée « Dr, je pense que c'est……est-ce que c'est une main ? » Au début je ne voyais ce dont elle parlait mais finalement quand j'ai regardé plus attentivement, c'était effectivement une petite main qui semblait m'implorer en me disant « S'il vous plait ne le faites pas ». Plus tard cette main m'a fait admettre que j'étais coupable car jusqu'à ce moment là, je ne voyais qu'un amas de tissu, mais quand j'ai commencé à développer ma relation avec Jésus, j'ai réalisé que c'était une belle main.

**SOURCE:**

Ceci a été pris du programme « Parlez pour la Vie », un documentaire qui a été passé le 18 janvier 1997 sur les ondes de EWTN, le réseau de télévision de Mother Angelica, en Alabama aux États – Unis d'Amérique.    Déclaration du    Dr José Maria Arrunategui du Pérou.

## Déclaration d'une ancienne avorteuse aux États-Unis d'Amérique

J'ai dit aux membres de mon Église que j'avais tué mon propre bébé.    Je pensais qu'ils ne me pardonneraient jamais car pour moi l'avortement était un péché impardonnable.

Quand j'ai eu fini de parler, j'ai été reçue dans leurs bras avec amour et aussi -avec pardon- j'ai été secourue de l'industrie de l'avortement par eux et ils sont prêts à m'aider, à me voir moi – même aux yeux du Dieu de l'amour et du pardon.    Je n'arrivais pas y croire et j'en pleurais.

A ce moment là, dans Sa miséricorde, Il m'a absoute de mes péchés avec Son amour inconditionnel. Cette nuit là je savais que le sang de Jésus sur la croix était pour moi, m'a complètement absoute en me couvrant.    Je n'étais plus la « Dame Écarlate » couverte du sang de 35,000 enfants avortés même pas du sang de mon propre enfant.    Maintenant la Dame Écarlate était couverte du sang de Jésus.

**SOURCE:**

Déclaration de Carol Everett du « Celebrate Life » magazine [Célèbre la Vie], magazine  (numéro mars – avril 1996).  Carol Everett est une ancienne avorteuse et ancienne propriétaire de cliniques est actuellement présidente de « Life Network » Réseau Vie et elle est l'auteur de  « The Scarlet Lady » La Dame Écarlate ».

## Déclaration d'un ancien avorteur en Hongrie

Je suis un médecin qui a pratiqué l'avortement maintenant je me suis converti et je suis un  « pro – vie » et je suis le secrétaire d'une organisation Hongroise appelée   « Obstetras  por la Vida » [Obstétricien pour la Vie].  Nous essayons d'accueillir un environnement de vérité, une conscience sans culpabilité à nos collègues afin d'établir un département de gynécologie et d'obstétrique où l'avortement n'est pas pratiqué.

Maintenant je réalise combien les de l'anti – vie étaient diaboliques dans le travail que je faisais.  J'ai tué parce que ma conscience était morte.  Je regrette qu'il y ait eu un temps dans ma vie où je pensais que l'on pouvait être un bon catholique et pratiquer des avortements. Mais cela pouvait-il être possible ?  Il y a quelques années je suis allé me confesser après avoir été absent de ce sacrement pendant 20 ans, le prêtre m'a demandé si je risquais de perdre mon emploi si je ne pratiquais plus d'avortements, je lui ai répondu que oui, alors il m'a donné l'absolution et n'a plus rien dit.

J'ai continué à les faire pendant un moment jusqu'à ce que je retourne en confession un jour. C'était le soir de Noël j'ai eu un bon prêtre, que Dieu le bénisse, il m'a clairement et fermement dit que je vivais en excommunication, et sans sa merveilleuse intervention de Dieu, je serais encore en train de tuer peut-être ne me serais jamais arrêté ?

Qu'est-ce que je dis ? Avec la sécularisation ici en Hongrie, il est absolument nécessaire pour un prêtre et le laïc d'être complètement fidèle à l'enseignement de l'Église pour développer une bonne conscience. N'importe quelle tangente résulterait en une fausse conscience, en une vision biaisée par laquelle nous ne saurions jamais ce qui est bien et ce qui est péché. Donc j'ai essayé d'élaborer mon concept de ce que c'était d'être un « pro –vie » tout en étant un médecin et un croyant.

La vie de tout être humain commence à la fertilisation et va continuer jusqu'à la mort physiquement. La vie humaine est créée pour aimer et être aimée car la vie est amour et veut dire amour. Donc être « pro – vie » c'est faire tout ce qui va promouvoir un absolu respect pour la vie. Cela veut dire aussi qu'il faut répondre « NON » à toutes les méthodes contraceptives dont le but est de détruire la vie humaine, aux avortements, à l'expérimentation sur les fœtus et les embryons, ainsi qu'à l'euthanasie.

En même temps, être « pro – vie » c'est combattre les fausses philosophies ou autres qui nous ramènent vers la mort et car en d'autres mots la mentalité du consommateur est basée sur une fausse conception de l'homme qui vient du Père des Mensonges : la diable.

Cela devrait s'étendre à d'autres activités ou professions comme la politique, les législatures, l'éducation, la médecine et d'autres encore qui devraient être organisés de manière professionnelle. Le but essentiel étant d'aider toute personne qui souffre comme l'a fait le Bon Samaritain car pro -vie c'est pro –amour. Le vrai  pro –amour est pro – Dieu par conséquent vous qui êtes ici êtes de Bons Samaritains, en étant dans le mouvement « pro vie », ceux qui ont couru à Jérusalem afin d'alerter les gens pour qu'ils puissent s'organiser à se protéger des pilleurs des grands chemins. Alors vous êtes tous pro –vie, pro – amour, pro -Dieu.

Je vous remercie pour vos valeurs et votre exemple encourageant. Merci à l'Église qui enseigne la vérité. Je remercie Dieu de vous avoir tous.

**SOURCE:**

Conférence du Dr András Szörényi au sommet Pro – Vie à Rome. Dr  Szörényi est le leader du mouvement pro – vie en Hongrie.

* 9 7 9 8 7 4 1 4 8 9 3 6 9 *